YONG REN
DE YI SHU
用人的艺术

杨超 / 编著

时事出版社
北京

图书在版编目（CIP）数据

用人的艺术 / 杨超编著 .—北京：时事出版社，2021.9

ISBN 978-7-5195-0431-1

Ⅰ .①用… Ⅱ .①杨… Ⅲ .①人才管理学 Ⅳ . ① C962

中国版本图书馆 CIP 数据核字（2021）第 140766 号

出 版 发 行：时事出版社

地　　　址：北京市海淀区彰化路 138 号西荣阁 B 座 G2 层

邮　　　编：100097

发 行 热 线：（010）88869831　88869832

传　　　真：（010）88869875

电 子 邮 箱：shishichubanshe@sina.com

网　　　址：www.shishishe.com

印　　　刷：三河市华润印刷有限公司

开本：670 × 960　1/16　印张：18　字数：162 千字

2021 年 9 月第 1 版　2021 年 9 月第 1 次印刷

定价：50.00 元

（如有印装质量问题，请与本社发行部联系调换）

前言

人才的作用毋庸置疑。但能否发现和用好人才的决定权在中高层领导，而非一般的人力资源工作者。所以，用人艺术是领导艺术中的关键。

不过实际工作中很多领导者会认为，只要将有才华的人招进团队就行了，他们会像千里马一样，尽心尽力地为组织服务。这样想就错了。为什么同样的人才，在不同的领导手下，会有完全不同的表现和结果？

把人才招进来，只是用人的第一步。更重要的过程还在后头：人才有什么样的特点，适合放在哪种岗位上，如何管控和激励他们，人才留不住怎么办……种种问题，都需要领导者提前做好工作。只有做好这些，才能保证最大限度地发挥人才的作用，保证团队的活力，组建出真正有能力、敢作为、能延续的人才队伍。

本书立意于此。为帮助领导者更好地掌握用人的艺术，本书将古往今来的用人智慧融会贯通，通过识人、用人、服人、立威、激励、授权、沟通、容人、留人九章内容，深入系统地将用人艺术娓娓道来，希望能为领导者的实际工作带来帮助。

·目录

第四章

立威：恩威并施，亲疏有度

第五章

激励：左手物质，右手精神

第六章
授权：充分信任，完善监督

第七章
沟通：破除壁垒，化解矛盾

第九章

留人：满足需求，留人留心

第一章

识人：慧眼独具，善于发现

“世有伯乐，然后有千里马。”这句话精辟地道出了领导者甄别人才的重要意义。人才对企业的发展起着决定性的作用，能够像伯乐识别千里马那样识别出对企业有用的人才，是领导者必须具备的才能之一。能客观识人，方能智慧用人。

001

[资格为用人之害]

一位民营企业销售经理讲过这样一件事：

我亲自带过一个员工，她资质平平，只有高中学历，在公司的员工中，她是最不起眼的一个。但是，她的工作态度很好，非常认真地向老员工学习，自己又努力地去实践。我觉得她很有潜力，就提拔她当我的助理。她果然没有让我失望，进步非常快，现在已经是销售部的精英。

近些年来，职场上“重能力，轻学历”的呼声虽然越来越高，但受传统观念影响，很多领导者在选拔和任用人才的时候依然最看重学历，认为学历高能力自然也高。从某种角度来看，这种认识不无道理。但是，如果把学历和能力完全等同起来，认为一定成正比的话，那就有失偏颇了。

清末文史学家平步青曾提出“资格为用人之害”，借以说明重视学历、资历、辈分等外在条件而忽视能力的弊害。重资格，轻能力，这也是很多领导者在选拔和任用人才时容易犯的错误。不断在招聘条件上提高学历、资历等门槛，这一做法实际上会让企业错失很多能力出众的人才，这绝不是领导者选拔人才的智慧之举。

元世祖忽必烈被认为是我国历史上的杰出帝王之一，他不仅拓展了中国历史上最大的地域版图，而且在使用人才方面也能慧眼识才。其中，让18岁的安童担任丞相就是一个例证。

安童是元初“开国四杰”之首木华黎的孙子。13岁时，安童就倚仗着祖父的威名被“召入长宿卫，位上百僚之上”。虽然身为名门子弟，但安童并不愿意倚靠祖辈的荫庇，而是愈加勤奋地学习。正是因为这样，胸怀大志的安童从小就表现出与众不同的成熟和稳重。

安童16岁时，忽必烈在与阿里不哥的王位争夺中获胜，拘捕了阿里不哥的党羽千余人。忽必烈问安童：“我想将这些人杀掉，以绝后患，你认为如何？”安童回答道：“依臣之见，自古以来，人各为其主，他们跟随阿里不哥也是身不由己。陛下现在刚刚登上王位，要是因为泄私愤而杀了这些人，那又如何让天下人诚心归附呢？”一个16岁的少年竟然有这样的见识，让忽必烈惊讶不已。

一晃两年过去了。两年来，忽必烈一直暗暗观察，见安童处世练达、办事果断、为人稳重、足智多谋，于是决定破格提拔他为中书右丞相。安童知道后，赶忙推辞道："虽然大元已经安定了三方，但江南还没有归属朝廷，臣年少资轻，恐怕四方会因此而轻视朝廷，还请陛下另请高明。"但是，忽必烈主意已定，劝他不要推辞。

任用一个18岁的年轻人为丞相，在大一统的王朝中是绝无仅有的。少年得志的安童自然会招来不少人的忌妒，他们劝说忽必烈不应该将实权交给一个孩子。元世祖语重心长地说："如果用人按资论辈，那我岂不是要等到安童三四十岁甚至更老的时候才能提拔他？那时的安童可能已经锐气全无、才思迟钝，那将是对人才的扼杀。"

至元五年（1268年），有几位权臣想削夺安童的实权，建议设尚书省让阿合马主持，而让安童居三公之位。元世祖把这件事交给大臣们讨论，他最后说："安童，国之柱石，若为三公，看似给了他权职，实际上是夺了安童的实权啊，这样的做法我不同意。"

自此之后，安童一直身居要职，直到49岁因病去世。安童为元世祖忽必烈效力长达31年，为元初国家的稳定和繁荣做出了巨大的贡献。

正是因为没有遵循人们一以贯之的“按资排辈”，才使得安童在风华正茂之年得以为国效忠，元世祖忽必烈的识人、用人之举不得不让人敬佩。

时代发展至今，不少的企业领导者在选拔人才的时候还会不自觉地按员工的外在因素综合出资历高低、辈分大小，再按“辈”就班地使用人才。殊不知，这种做法会压制真正有才能的员工，使组织出现僵化、滞怠的情况，对组织发展有害无益。

作为领导者，打破“论资排辈”的固化思维，将眼光放宽，才能网罗到真正的人才。“我劝天公重抖擞，不拘一格降人才。”这是来自诗人龚自珍的呐喊，也可以成为对现今领导者的提醒。能够将能力体现在成果上的人才，即使他们没有较高的学历、较深的资历，也应该加以重用；而那些只会捧着高学历、深资历吹嘘，却没有什么实际成果的人，则没必要在他们身上浪费时间和精力了。

002

[相貌不是人才的“名片”]

有这样一则寓言：

一只山羊初见一只斑豹，见斑豹满身漂亮的斑纹，对其喜爱不已，竟忘记父母对自己的告诫，忍不住向前抚摸斑豹的斑纹，斑豹对这只送上门来的“猎物”毫不客气，将山羊吞食于腹。山羊被吃前悲叹道：“我真愚蠢，竟因其漂亮的外表而忽略了其本性。”

人不可貌相，海水不可斗量。通过相貌来了解人，是识人的一种辅助手段。但如果把它绝对化，把识人变成以貌取人，就会造成“取者非才”或“才者非取”的后果。

晋代学者葛洪在《抱朴子·外篇》中就深有感触地说：看一个人的外表是无法识察其本质的，凭一个人的相貌是不可衡量其能力的。有的人其貌不扬，却是千古奇才；有的人仪表堂堂，却是“金玉其外，败絮其中”。可见，相貌与能力并无绝对关联。然而，自古以来，“以貌取人”者却不乏其人，很多君王也是如此。

三国时期，东吴国君孙权一表人才、满腹经纶，很多人才都甘愿在他的麾下，其中就包括周瑜、鲁肃等大将。周瑜逝世之后，孙权的身边突然少了一个善谋的智者，鲁肃便向孙权推荐了庞统。孙权很是期待能够有人代替周瑜，为他减轻压力。然而，当鲁肃带领庞统前来拜见时，孙权看到庞统后，一口拒绝了鲁肃的举荐。

鲁肃悄悄地问孙权：“主公，你为什么这么快就拒绝任用庞统？这可不是你一向招揽人才的作风啊！”孙权回头看了一眼庞统，只见庞统浓眉掀鼻、黑面短髯，相貌丑陋、状似莽夫。便对鲁肃说道：“你看他的长相，尚不及周瑜的十分之一，怎么看都不像一个足智多谋的人，怎么能把周瑜的位置交给他呢？”

鲁肃提醒孙权道：“主公，你错了，当年的赤壁之战，若没有庞统连连献计，我们又怎能战胜曹操呢？”但是，孙权并没有采纳鲁肃的建议，最终还是让庞统走了。

后来，庞统又去投奔刘备。最初，刘备也是犯了和孙权一样的错误，认为庞统相貌奇特不能重用。好在刘备的结义兄弟关羽、张飞一直在给庞统求情，刘备才答应任用庞统。

在刘备麾下，庞统的才能日益表现出来。刘备对他愈加欣赏，甚至不禁自责道："庞统是一位不可多得之才，可是因为我的愚钝，差点儿使得自己与他失之交臂。"远在东吴的孙权听说庞统得到刘备的重用并大有作为，不禁叹息："我又失去了一个周瑜。"然而，悔之晚矣。

在识别人才的过程中，有些领导者往往根据下属的外表判断其能力，或因为个人对外貌的喜恶而决定其去留，这些都是带有偏见的非理性做法。明智的领导者需要打破外貌的固化标签，由表及里辨识出人才的内在价值，这样选取的人才才能经得住时间的考验。

不以貌取人是领导者必须掌握的识人原则。那么，如何练就这种本事呢？

第一，观察言行细节。一个人可以设计自己的言语和行为，但从细节表现出来的本质却无法轻易掩藏。第二，注重成长价值。"蒙尘之珠"往往后继有力，领导者不能只关注人才的现状，更要看到他的潜力空间，培养人才是领导者的责任，也是领导者的任务。第三，不要人云亦云。领导者在识别人才的时候，要有自己独到的见解，对待早已成名的人，不要跟风唱赞歌；对待有负面评价的人，应该留心观察，做出自己的判断。

长相是无法改变的，气质和能力却是可以通过后天培养得来的。领导者要成为员工的带领者和培养者，应突破以貌取人的局限，打磨出真正的明珠。

003

[善于发现他人的长处]

俗话说:“金无足赤，人无完人。”世上并不存在完美的人。然而，人各有其短，亦各有其长。《水浒传》中，时迁嗜偷，却多次被军师吴用委以重任，就是因为吴用发现并善用了他的长处——飞檐走壁的功夫。有的领导者感叹手下无人才可用，而有的领导者庆幸人人皆可用。这其中的差别，就在于领导者能否发现员工的优势，并为其提供发挥优势的平台。

明朝时期，江苏太仓一带有个小有名气的画家叫周元素。周元素有一个画童，名叫阿留。

一天早上，周元素要出门，便交代阿留:“你留在家里看好门，有人来，就记住他们的样子，等我回来的时候再告诉我。”

晚上，周元素回来后问阿留:“今天有人来找过我吗?”

“有，来了好几个呢！”阿留一边用手比画着，一边继续说道，“第一个矮矮胖胖的，第二个高高瘦瘦的，第三个漂漂亮亮的，最后一个拄着根拐杖。”

周元素听明白了，于是笑着问道：“除了他们，还有没有其他人来过？”

阿留憨厚地摸摸自己的脑袋，嘿嘿笑着说道：“我担心人来多了会记不住，所以在拄着拐杖的老爷爷走后，就把大门给闩上了，没再出去过，所以不知道有没有什么人再来过。”

周元素没再说什么，他向来是个宽厚的长者，知道阿留性子憨直，至少在记人方面毫无长处可言。不仅如此，在生活中，阿留也闹出了不少笑话。

有一次，周元素家中的床折了一条腿，他让阿留去树林里找根合适的树杈用以修床。阿留带了一把斧头就出门了，在树林里面转了足足有大半天的工夫，结果还是两手空空地回来了。周元素问阿留为何回来如此晚。

阿留不好意思，又非常认真地说道：“因为找不到合适的树杈。”

周元素不解：“树林里面有那么多的树杈，随便找到一个砍下来，不就行了吗？”

阿留伸开了自己的两个手指头，向上伸了伸，说道：“您不知道，树杈都是朝着上面长的，没有像床的腿那样朝下长的。”

周元素一家人听了，顿时笑得前仰后合。

阿留的确不聪明，但是他也有长处。周元素在写字、作画的时候，身边一定要有阿留。阿留研的墨极浓，用此墨写出的字，在光下可以反射出光泽。阿留对色彩的辨别力也极佳，周元素需要什么样的颜色，他总是能恰到好处地调出来。一次，周元素画花鸟，阿留和他说，花朵的颜色再重些，小鸟腰部的颜色再丰富些，周元素采纳了阿留的建议，效果果然好很多。

有一天，周元素要阿留作画，本是逗弄的心思，没想到阿留竟认真地画起来。不一会儿，一幅《出水芙蓉图》就画好了。周元素拿起画来仔细观看，意境开阔、构图匀称、浓淡相宜，的确是一幅好画。如果不是周元素亲眼看到阿留作画的整个过程，他是怎么也不会相信，这幅画是出自一个看起来傻乎乎的小画童之手。接着，周元素让阿留再画一幅。阿留沉思了一会儿，又很快地画出了一幅：那画面上是微风吹拂着一株才舒展开眉眼的柔柳，燕子斜着身子从天空掠过，向着柳枝飞过来。虽只有一柳、一燕，却让人感受到春天的暖意和生机。

周元素暗自赞叹，并在后来的日子里有意培养阿留，终于使一个在别人眼中百无一用的小画童成了远近闻名的画家。

在他人看来，阿留是不知变通的蠢人；在周元素看来，阿留是善于作画的人才。每个人都有自己的长处，作为领导者，就该有周元素那样善于识辨他人长处的本事。

著名的管理学专家杜拉克曾经说过:“一个聪明的经理审查候选人决不会首先看他的缺点，至关紧要的是要看他完成特定任务的能力。”识人的目的在于用人，倘若领导者能够发现每个人的优势，并予以善用，那么就不愁无人才可用，团队的效能也必然会大大提升。

004

[不以个人好恶作为评判标准]

唐武则天时期，大臣武三思曾说:“凡与我为善者即为善人，与我为恶者即为恶人。”武三思私心作祟，全凭个人好恶识人，结果把一些不学无术的人弄进了朝廷，扰乱了朝纲。

在如今的职场中，仍然不乏与其类似的领导者：有的领导者喜欢听恭维话，于是把善于逢迎的人视为人才；有的领导者对小圈子比较感兴趣，于是把气味相投的人视为人才；有的领导者喜欢“听话”的下属，于是把服从自己命令的人视为人才；有的领导者看重私交，凡对自己有恩的人，总是想方设法委以重任……

这些领导者以个人好恶为原则，实行所谓的“顺我者昌，逆我者亡”的择才用人标准，这一方面造成了人才的大量流失，导致围绕在领导者身边的都是与之相投的少才之人，出现才不配位的种种乱象；另一方面管理制度也因此丧失了约束性和原则性，长此以往，企业和领导者都将面临损失甚至失败。

唐高宗时期，有一次，大臣卢承庆负责对官员进行政绩考核。

当时，被考核的人中有一名粮草漕运官，因遇到大风损失了米粮，卢承庆便写下了“监运损粮，考中下”的鉴定。谁知，这位漕运官神态自若，无一辩解就退了下去。卢承庆见此，觉得这名官员气度好，于是将他召回，改评语为“非力所及，考中中”。这位漕运官既不露喜色，也未有愧色。卢承庆对他非常欣赏，又将评语改为“宠辱不惊，考上”。

卢承庆这样以个人喜好感情用事的做法，虽然是出于爱惜人才之心，却打破了原本的秩序，撕开了以公谋私的缺口。这是一种把个人感情置于企业利益，甚至社会利益之上的错误做法。正如清代李渔评论的：“凡有自通贿赂而易下考为中、中考为上者，皆曰：‘我欲为卢承庆耳。’”如此，所谓的好心也酿成了恶果。

作为领导者一定要记住，工作是工作，感情是感情，不要把个人喜好掺杂到工作中，这是每个职场人都必须遵守的规则。如果选拔人才以自己的好恶为主，合乎自己心意者就是人才，不合乎自己心意者就是庸才，那么领导者就会陷入偏见的泥潭中。所谓的公正原则，当是以整体利益为先，当个人好恶与企业需求发生冲突时，应该以大局为重，这才是管理者应具备的基本素质。

005

[以德为首，德才兼备才是真人才]

东汉桓帝时期的郭泰是一个擅长识别人才的人，而且他不仅善于发掘人才，也善于勉励人才，能充分发挥人才的潜力。当时的东汉政权已经朝着腐败末落的方向发展，淡泊名利的郭泰不想做官了，只想周游郡县和诸侯国，做个自由自在、无拘无束的人。

有一次，郭泰去了陈留地区，正赶上天降大雨。他远远地瞧见当地的居民跑到一棵大树下避雨，这些人都很随意地坐着或者蹲在大树下，只有一个大约 40 岁的中年男子正襟危坐，很是庄重。郭泰凭感觉认定中年男子一定不是一般人，于是他热情地上前和中年男子打招呼。言谈中郭泰得知这个中年男子名叫茅容，两人聊得十分投机，郭泰便成了茅容家的客人。

第二天，茅容家里杀鸡宰牛，郭泰以为茅容一家是要招待自己，没想到茅容将做好的饭菜分了一大半给年迈的母亲，将剩下的放到橱柜当中，依旧用普通的饭菜招待郭泰。

谁料，郭泰非但不因此而动怒，反而肃然起敬，恭恭敬敬地起身对茅容行礼，说道："先生果然德才出众，如果是我，一定会减少母亲的饭菜来热情地招待客人，但你却首先保证母亲的饮食。我对你十分敬重。"他鼓励茅容勤奋读书，并保持自己的品德，这样将来一定会有一番作为。

后来，果然就像郭泰所预料的那样，茅容成为了一个德才出众的人，在当地极有口碑。

一位企业家在选用员工时提出的问题很是耐人寻味。第一个问题是：是否孝顺双亲？在这位企业家看来，不孝顺的人没有好的品德。没有品德的人，即便再有才能，也不能得到信任和重用。所以，他们公司在选人的时候，首先看重的便是德行。

如今，很多企业并不缺少精英员工，可是让人迷惑的是，在这样的企业或者团队里，却面临着发展动力不足的困境，甚至有的企业还惨遭行业淘汰。究其原因，我们会发现，在这样的企业中，虽然学历高、能力强的人并不稀缺，但是在他们的身上我们无法看到诸如忠诚、敬业、正直、诚信等优良品德。试想，一个公司倘若员工人品低下、自私自利、钩心斗角、损公肥私，企业充满重重矛盾，又怎能发展壮大呢？

一天午后，曾国藩的府第来了三个年轻人，这三人都是他的学生李鸿章举荐过来的，希望曾国藩能够重用他们，有机会为朝廷做出一番业绩。知道三人到来，曾国藩没有立刻现身相迎，而是故意让他们在大厅中等待。这期间，他暗中观察着他们的举动，发现：第一个人在屋子里四处观望；第二个人老老实实地坐在椅子上；第三个人一直站在门口，静静地看着天际流云。时间久了，前两个人露出不满的神色，第三个人却一如既往，十分平静地观赏周围的景色。

直到黄昏，曾国藩才出来见了三人。经过一番谈话，曾国藩对他们又有了新的看法：在屋子里四处观望的年轻人，说起话来滔滔不绝；那个老老实实地坐在椅子上的人，一言不发；那个一直站在门口静静地看着天际流云的人，不发言则已，只要一出口，说出的都是些惊人的言论，见解十分之高，偶有意见与自己相左之处，也敢直言不讳。到天色渐晚时，他们就起身告辞了。

他们离开之后，曾国藩心里就对他们的职位安排有了数：

那个敢出言顶撞自己的人，被派往军前效力；那个沉默寡言的人，负责管理粮草；而那个说话滔滔不绝的年轻人，则被安排了一个无关紧要的闲职。

对曾国藩的安排，众人十分不解，就来问他原因。曾国藩解释说："那个和我聊得来的年轻人，在大厅等待的时候，就在四处打量屋里的摆设，以此揣测我的喜好。大家等久了，只有他抱怨最深，但见了我之后，却对我十分恭敬，可见此人是一个表里不一的人，所以不能委以重任。那个沉默寡言的人，虽然对我唯唯诺诺，全没半分魄力，但性格沉稳，正好可以用来管理钱粮。而那个敢于出言顶撞我的人，我让他等了那么久，他却毫无怨言，甚至还有心情观赏天际浮云，可见他淡定从容，有大将之风；同时，面对高官，他还能不卑不亢地提出自己独到的见解，可见其刚正，我当然要提拔他。"

事实证明，曾国藩的眼光是十分独到的，被他提拔的这个年轻人，就是后来赫赫有名的台湾省首任巡抚刘铭传。

曾国藩一再强调，要"于纯朴中选拔人才，才可以蒸蒸日上"。他所说的"纯朴"，指的就是朴实、诚实等优秀品质。曾国藩提倡用人唯德，其中"德"含义十分广泛，包括忠诚、踏实、正直、勇敢等种种品德。他曾经指出："德，就要能够在政治上忠于自己的信仰与事业，并心甘情愿地为这个信仰和事业竭尽全力；在生活作风上，要能够质朴实在、吃苦耐劳；在精神面貌上，要能够有坚忍不拔的顽强精神。”

曾国藩“以德为首”的做法值得今人借鉴。作为领导者，在选用人才的时候，要遵循“先重德，再重才”的原则。正如意大利诗人但丁留下的那句流传千古的名言：“一个人如果知识不全的话，可以用优良的道德品质去弥补，而一个道德不全的人，却无法用知识去弥补。”才能的缺失可以通过后天的学习、努力、他人的教育来提升，但是道德的低劣，不论怎样都无法弥补。所以，领导者在选用人才时，切勿一味地重视才能，而忽视了最为重要的德行。

006

[注重诚信，选用讲信用的人才]

小王是一家教育培训机构的老师，工作已有两年，因为厌烦公司的种种制度，于是想再换一家单位。因为他有研究生的学历，并且也有工作经验，很快就被天津某教委直属教学研究部门看中，两个月后上班，小王高兴地签下了聘约。

这两个月的时间，小王来到北京游玩，同时顺便到几所大学询问招聘教师的情况。非常凑巧，北京正有一所大学需要小王这个专业的研究生，月薪更高，并且提供教师宿舍。面对这样的优厚待遇，一番权衡比较后，小王动了毁约的心思。第二天，小王给天津那家教学研究部门打电话，说自己不想履约了，并愿意交纳违约金，天津这边回复说没意见。

然而，正当小王高兴地到北京这所大学签约时，人事处长看完他的求职信后，当即将其个人资料输进了人事管理档案。人事处长通过联网查看小王的档案后，立刻对小王说学校不能录用他。小王急了，就问原因，原来天津那家单位也将小王的签约情况输进了档案。人事处长说，你在那边签了两天就毁约，我们学校不会录用随意毁约的人。

这个时候，小王才感到后悔，然而这又能怪谁呢？只能怨自己太看重待遇，随便毁约，忽视了信用，以致得到了这样的苦果。

宋朝周敦颐说："诚者，圣人之本，百行之源也。"一个公司如果缺乏具有信用的员工，那么这个公司的发展将会举步维艰。所以，在现实生活中，员工的信用问题越来越引起领导的重视。作为管理人员，在辨别人才的时候，信用问题不容忽视。

海上花文化传媒公司是某地区最大的文化公司，公司的待遇、福利制度非常完善，因此很受人们的青睐，每年都有很多人才慕名前来，该公司每年要招聘100多人，通常要从几百人甚至上千人中才能选出一个合适的员工。该公司员工的招聘标准除了知识、才能等方面，最重要的是员工的诚信问题。

作为当地最大的文化传媒公司，公司很注重自身的品牌建设，努力树立诚信、进取、健康的公司形象，因此公司非常注重员工和客户之间的沟通能力以及员工间的团队精神，更重要的一点就是员工的诚信问题，这也是该公司选择员工的最重要的原则。

其实，判断一个人有没有诚信是很难的，在面试中的表现可能与现实生活有着很大的差别，是否讲诚信是很难测验出来的。但在以后的工作当中，只要发现员工有不诚信的地方，如学历造假、做事不诚实等，都不会留用，所以海上花文化传媒公司无论是在行业内还是行业外都是遵循信用的模范。

同时，对于留用的员工，海上花文化传媒公司还会对其进行专门的培训，主要是对员工进行古典教育，如关于信用的课程，指导员工如何快速地融入公司的文化中，让员工深刻地理解信用的重要性。有些管理人员往往也要参加这样的培训。

对公司来说，诚信分为内部诚信和外部诚信两种。内部诚信是指员工与员工之间，或者员工与管理人员之间形成的一种讲信用的氛围，这样才会在公司内部形成一种凝聚力，增加彼此的信任和合作，使公司呈现向上的氛围。外部诚信是指公司在市场中的信用程度。很明显，一个有信用的公司更容易获得合作方的认可，从而促使公司更快地发展。

员工是企业发展的基础，所以对于领导者来说，要任用那些有信用的人，信用是一个人最基本的品质，讲信用的员工可以为公司的发展带来新的活力。一个公司的领导者可以为公司设计非常完善、全面的规章制度，但员工执行、贯彻的力度是值得深思的一个问题。对于没有信用的员工来说，那些制度只不过是一纸空文，因此要想真正实现公司井然有序的局面还须依靠有信用的员工。在招聘人才的时候，领导者要善于发现那些有信用的人，相信他们。如果这些人符合公司的岗位需求，无疑是很好的人才，这样的人才是公司所需要的，也能够为公司带来丰厚的效益。

很明显，当一个人失去信用的时候，就不再有人愿意与之共事，那么他在公司的发展也就变得前途渺茫。同样对于公司来说，如果缺乏诚信，发展将会举步维艰。所以为了公司的长远发展，领导者在选拔人才的时候，要任用那些讲信用的人。

007

[发现人才要敢于“三顾茅庐”]

在一个企业中，最重要的资源莫过于人员，尤其是人才。有的领导者不以为然，认为企业最重要的是客户。诚然，客户是企业利润的重要来源，但是领导者要知道这一点：客户是需要靠人去发现、开发和维系的，如果没有企业中的“人”，客户是不会自己找上门来的。尤其是在这个竞争激烈、同类企业众多的时代和环境中更是如此。比尔·盖茨曾这样感慨：“如果把我们顶尖的20个人才挖走，那么，我告诉你，微软会变成一家无足轻重的公司。”从此话足可以看出微软对于人才的重视以及人才对于微软的重要性。

人才如此珍贵，那么当人才不愿意为领导者效力时，领导者该如何做呢？

湖北省有一个叫观音岭的地方，是重要的贡茶产地。在这个地方有一家新开的贡茶有限公司，公司的经理是一个叫顾之行的年轻人，顾之行公司里的茶叶品质都很好，但顾之行却发现公司缺少一个懂管理的人才，而且这个人才一定要对茶叶熟识。

有一天，一位顾之行的朋友说，他在武汉见过一个专门生产茶叶的厂长，这位厂长曾经把一个茶叶的小作坊经营到全国有名的大公司，不过这位厂长现在已经退休了。顾之行觉得这是个机会，于是他亲自登门拜访厂长，想把他招来，让他做经理。

然而，第一次登门拜访，老厂长推脱自己年事已高拒绝了顾之行的邀请。就像是一盆冷水浇到了头上，顾之行怏怏地走了。从与老厂长的交流中，顾之行知道这是自己期盼已久的人才。

顾之行决定要“三顾茅庐”请老厂长这个“诸葛亮”出山。第二次，顾之行来的时候天公不作美，下着大雨，这一次顾之行得以和老厂长促膝交谈，两人谈了一个多小时，但老厂长还是没有答应他。但顾之行通过这两次的接触，更加确定了老厂长就是自己要找的人才。

老厂长的母亲生日的那天，顾之行买了一个很大的蛋糕，为老厂长的母亲祝寿。老人家很喜欢顾之行，在得知顾之行的来意后，老人家说：“看在这个孩子这么有诚意的分上，你就帮帮他吧，我身子骨还硬朗，不用你担心。”

原来老厂长之所以不肯答应顾之行就是因为母亲年事已高。顾之行说：“我的茶厂在山里，但我请你是做管理的，不需要你离开武汉。”老厂长只好答应出山了。后来在老厂长的管理下，顾之行的公司有了脱胎换骨的变化，销售额直线上升，成为全国知名的茶叶品牌。

古有刘备三顾茅庐，得诸葛亮一世忠心。今有顾之行“三顾茅庐”，得到了管理茶厂的优质人才。可见，有些人才不是轻易能够得到的，一旦得到，必定为自己为企业增添强大助力。珍贵的人才是众人皆渴望获得的对象，领导者要能慧眼识人，同时在吸纳人才上要有真情实意的诚心和坚持不懈的恒心，如此才能将人才真正招致麾下。

008

[在员工中发现可造之才]

一家机械厂有一位年纪很轻的工程师，有学历、有经验、善于学习，很多先进的工作理念都是通过他引入公司的。厂长对这位年轻有主见的工程师十分欣赏，于是，当其他管理人员都主张从外部招聘管理人员时，厂长力排众议，举荐这位工程师担任车间主任。该工程师也没有让厂长失望，在他的领导下，车间的生产效益提高了一倍。后来，他又对整个车间的生产工具进行了改革，使车间的产量翻了好几番，成绩卓著。

企业之间的竞争，就是人才之间的竞争。正因为如此，优秀的人才成为企业争相竞争的对象。为了得到人才，很多企业领导者大费心机，甚至不惜到其他公司“挖墙脚”。然而，与其耗时耗力、大费周章地从企业外部挖人，不如换个角度，从现有的员工中挑选可以“挑大梁”的人才予以培养，让他们成为企业发展的新动力。

最初的时候，中尾哲二郎只是日本松下电器分公司当中一个默默无闻的小职员。

一天，松下幸之助到这家分厂考察，正巧见到中尾哲二郎在勤奋地工作，便问他：“你在这里工作多久了？”

中尾哲二郎头也不抬地说道：“大概十个多月吧。请原谅我，先生。不是我没有礼貌，而是我的视线现在不能离开我的工作，我必须一次性地装夹好，才算利索。”

松下幸之助听到他的回答，心里十分感动。离开的时候，他跟厂长龟田说：“你手底下那个叫中尾哲二郎的人是一个很不错的员工，我看他操作机械十分熟练。”

龟田却十分不屑地说道：“那个家伙话很多，连我的话都不听，有时候甚至和我大吵大闹，他能有什么真才实学呢？”

松下幸之助莞尔一笑，说道：“既然你不喜欢这个员工，将他交给我怎么样呢？”就这样，中尾哲二郎被松下幸之助带走了。

后来，因为表现优秀，中尾哲二郎被松下幸之助多次提升，最后成为公司的副董事长。松下电器公司还专门建立了一家中尾纪念研究所，用以纪念中尾哲二郎对公司的贡献。

并非企业当中没有人才，而是很多人才被埋没在企业当中。因此，在员工中发现可塑之才并进一步对其进行培养，是企业领导者必备的能力之一。没有人会永远栖息在一棵树上，领导者对手下有才能员工的忽视，会造成人才不断流失。

战国时期，田镜被燕王任命为宰相。田镜十分有政治才能，在他的治理之下，燕国的国力达到了鼎盛局面。而在这之前，他是鲁哀公手下的侍从。

田镜在鲁国的时候，虽然一直勤勤恳恳，却得不到鲁哀公的重用。田镜不得已，只好向鲁哀公请辞。鲁哀公十分不解，问他：“你在我手底下不是一直做得很好吗？为何突然要走？”田镜回说：“一只做事情十分勤恳的大公鸡，每一天都按时报晓，时刻不曾松懈。如果遇上强敌，它会将自己的生死置之度外，扑上去和强敌缠斗。可是，对这样工作勤奋、忠诚的公鸡，它的主人却视而不见。”

鲁哀公不明白他的意思，田镜就进一步将话挑明：“真正有才华的人就在你面前，你却不重用，反而花费大量的人力、物力去寻找有才华的人。那么，我在这里也只是浪费时间而已。现在，我决定了，我不要再压抑自己，要另寻他处。”说完，他就离开了。

像案例中的鲁哀公一样，明明手底下有能用的人才，却还是费力劳心去他处找人才，结果反而失去了原本的能将良才，不得不说是一种悲哀。

许多领导者苦恼无处寻找人才，实际上是他们没有将目光放在身边的员工身上；许多领导者抱怨身边无可用之人，实际上是他们没能及时发现员工的闪光点并加以重用。

从员工中发现可造之才，对员工来说是一种福气，对企业来说也是益处多多。第一，员工熟悉公司的情况、了解公司的业务流程，所以处理问题会更加得心应手；第二，员工与员工间、员工与领导间彼此熟悉对方的工作风格和性格脾性，不用耗费时间磨合，效率更高；第三，员工在企业有归属感，对企业的忠诚度和责任感会更高……所以，从员工中发现可造之才是一本万利的好事，领导者要加以重视。

第二章

用人：合理配置，人尽其才

将有才华的人放到合适的位置上，才能使他施展出身上的才干；把有才华的人强行放到不适合的岗位上，还满腹抱怨才不可用，是对企业的折损也是对人才的浪费。企业领导者必须时刻谨记，每个人都有自己的长处，而领导者该做的就是给予每个人适合其发展的机会。对人才“量体裁衣”地使用，才能让企业蓬勃发展。

001

[巧妙组合，互补互足]

骆驼有“沙漠之舟”之称，它能够在条件恶劣的沙漠中长时间地穿行。它有很长的睫毛用以抵挡吹向眼中的风沙，能够在沙尘暴中找到前进的方向；高耸的驼峰能够储存足量的养分和水分，用来解决长途跋涉中的饥渴；坚实宽阔的脚掌能够帮它很大程度上减少在沙漠中行走时沉重的身体对沙土的巨大压强……

如果将骆驼比作一个企业，那么它身体的各个部分就是企业中的各个部门，每个部门的员工都有各自的特长，都在各自的岗位上发挥着积极的作用，如此使得企业正常运行。而把员工的力量汇聚在一起的人，就是企业的领导者。团队力量的大小，与领导者的用人能力息息相关。唯有将人才合理搭配，互补互助，企业才能稳步地成长。

在历史上，很多大人物都将人才“合理搭配，互补互助”的策略运用得炉火纯青，用人才互补来完成自己的大业，刘邦就是其中之一。

汉朝建立后，刘邦曾招来各地诸侯将领，在一起饮酒畅谈。

在宴会中，刘邦趁着酒兴问大家：“诸位今日说说心里话，为什么我刘邦能够得到天下，而项羽却丢掉了天下？”高起、王陵二人起身作答：“陛下攻城略地，每取一处，便分封有功之臣为诸侯，能够和其他人一起分享利益，让大家都愿意为您尽心尽力，这是陛下能够在短短几年内取得天下的重要原因；而项羽滥杀功臣，对贤者常常抱有疑心，总想着一个人独享天下，这是他失去天下的原因。”

刘邦听了他们的话，说他们“只知其一，不知其二”。其实，刘邦能够取得天下，很大一部分原因是他能够合理地运用人才。刘邦给各个军队都配备将军和军师，并且有一个共同的特点，那就是军师和将军在性格上具有一定的差异。军师性格沉稳、临危不乱，将军队部署得有条不紊；将军虽性子急躁，但骁勇善战，每每出兵都杀得敌人片甲不留。将军和军师能力互助，性格互补，自然会打出胜仗。

经营企业就应该像刘邦那样，合理运用人才，使人才能够互补互足。人才的使用，一定要搭配得当，用人时，必须考虑员工之间的相互配合，只有这样才能发挥出整体的智慧。

中国女排原主教练袁伟民这样总结道：“一个队十几个队员应有各自的个性，这个队打起比赛才有声有色，如果把棱角都磨平了，这个队也就没希望了。”这与企业在配备人才的时候所运用的“人才互补”的道理是相同的，球员各有所长，用长处补短处，效果显而易见。所以，企业在搭配人才的同时，不光要考虑人才的多样性，还要考虑到各种人才所占的比例，从而达到最佳的人才互补。

002

[扬长避短，变短为长]

一位人事总监曾经讲过这样一个故事：

在我升任人事主管的时候，曾经碰到这样一件难事：

我手下有一个十分老实的员工，但是老实得有点儿过头。他过于老实，也就不爱说话，遇到事情也不会请教人，业绩自然也不好。但是，他遵守公司的各项规章制度，上班从不迟到早退，凡事能够忠于职守。我好几次有辞退他的意思，但是看到他的工作态度，就于心不忍。关于他职位的安排，让我很是头疼。让他闲着，工资照发？其他员工就会有意见；给他安排工作，他又做不好，甚至会拖后腿。

恰好，公司的仓库需要有人看管。因为看管仓库的工作太过枯燥，所以没人愿意干。原来的仓库管理员大都耐不住寂寞，常常跑出去找人聊天。于是，我就将这位非常老实的员工派去管理仓库。没想到，这位员工十分适合仓库管理的工作，因为他整天面对一大堆的材料，什么话都不用说。他十分热忠于自己的工作，也十分适合这份工作。我暗暗庆幸当初能够包容他的短处，不然我不知道什么时候能够找到一个合适的仓库管理员。

曾经，一家公司对内部所有的员工进行性格测试。领导者按照评测的结果，不但让他们发挥个人长处，而且还可以利用员工的“短处”为企业做贡献。比如，让喜欢挑挑拣拣的人去当质检员；让好胜心强的人去管理公司的生产；让喜欢炫耀自己的人去搞市场公关，等等。可见，短处与长处，皆在于领导者的一念之间。

中国有句俗话：“骏马能历险，力田不如牛。”意思是说，骏马能够日行千里征战沙场，但是如果让它到田间耕地，那它的作用还不如农家豢养的黄牛。每个人都有他自身的优点和缺点，作为领导者，任用人才时应该扬长避短，甚至变短为长，如此才能人尽其才。

南宋时期，兵马大元帅张俊无聊的时候无意间走到后花园，看到一个老兵正在呼呼大睡，这让他心中很不高兴。心想，眼下天下太平，军营兵士也都无所事事，怎么才能让他们有点儿事情做而不至于浪费人力资源呢？

他叫醒了老兵，问他："睡觉就这么好吗？"

老兵看清是元帅大人，立马恭恭敬敬地起身回答："不是小人喜欢睡觉，而是眼下真的无事可做。"

张俊就问他："那你能做什么事情呢？"

老兵说道："小人在当兵前什么都做过，什么事情都会做，最大的长处还是经商。"

张俊对经商之道完全不懂，就问那个老兵做一笔生意需要投入多少资金。老兵说："无本难求利，小本求小利，大本求大利。元帅大人如果只是为了一家老小的开销，一万钱就足够了；可如果是为了军队充实军饷，投入的钱越多才是越好。"

张俊就想，虽然目前国家太平，但"养兵千日，用兵一时"的原则是不能抛诸脑后的。既然手下有这样一个懂得经商的人才，为什么不让他带人经商，为军队筹集军饷呢？这样不仅可以减轻国家负担，也能够不浪费人力资源。后来，这名老兵得到张俊的支持后，生意做得很大，为军队筹集军饷立下了汗马功劳。

从上面的例子我们可以看出，老兵对站岗实在没有耐心，但是在经商上表现出过人的才智。如果将老兵一直放在站岗放哨的岗位上，可能会给军队带来危害；但是调去经商，为军队筹集军饷，反而可以立下大功。大元帅张俊懂得“用人所长，扬长避短”，发挥他人的长处造福军队，是当今企业家们学习的榜样。

综观现代企业，只有那些真正懂得“用人所长，变短为长”的领导者，才能在商界创造出惊人的奇迹，使企业不断地获得发展。善用人者，所做的第一件事，就是对员工的优缺点保持清醒客观的认识，然后根据个人的长短处，合理地安排工作岗位。

如果员工是花朵，领导者就需要从各个角度帮助每个员工绽放各自的美丽，并将美丽发挥到极致。这里的美丽指的就是员工们的长处，让员工的长处与职位相结合，企业必然会受益匪浅。

003

[不求最好，只求合适]

小王开了一家物流公司，公司有几十辆货车，于是发布了一个招聘司机的启事。因为小王给出的工资不低，所以很多司机都来应聘。很快司机名额基本招满，只剩下一个专门跑长途的司机岗位。这一天，有两个人来应聘，第一个人以前有开长途客车的经历，第二人是开赛车的，而且还得过奖。开赛车的自信满满地认为小王会选他，但是结果恰恰相反，小王留下了开过长途客车的司机。赛车驾驶员问小王原因，小王说："只求合适，不求最好。"

赛车驾驶员在技术上可能会胜过长途客车驾驶员，但是小王要的不是这样的高端人才，他希望找的是以稳重为主、善跑长途的耐力性强的司机。

"闻道有先后，术业有专攻。"每个人都有适合自己发展的行业和道路。员工在应聘的时候，第一目标就是找到符合自己专长的工作。而领导者在用人方面也需遵循同样的道理，全能型人才少之又少，“量才适用”才是当今企业选拔人才的主要方向。

王永庆是中国台湾塑胶集团的领导者。早年，王永庆在任用人才上要求极高。可是，那时的中国台湾，人才资源十分匮乏，即使他费尽心机搜寻人才，但始终没能找到称心如意的。后来，他诚心诚意地聘请了一大批外国留学生。谁知道，这些人来到中国台湾之后，因为“水土不服”，不能安心工作，业绩还不如普通员工。

究竟怎么做才能找到合适的人才呢？经过多年的摸索，王永庆终于总结出两条用人经验：第一，人才要自己培养；第二，没必要苛求顶尖的人才，只要适合企业发展，中等人才也可以用。

人才是用来任用的，不是用来装点门面的。王永庆后期总结的两条经验对当代的领导者们很有用：要为企业选择中等人才，符合企业发展的潮流。这一点也与联想集团的用人观点不谋而合——“用的人才都是适合联想的，但并不一定都是最优秀、最好的人才。”

买鞋子不能只看鞋子的外表，鞋子穿起来要合脚，走起路来才能稳稳当当，企业用人也是同样的道理。领导者应该明白，顶尖的人才是可遇不可求的，寻求适合企业发展的人才才是当务之急。如果领导者常常不知道自己的公司到底需要什么样的人才，那将对企业发展十分不利。企业要在合适的基础上给人才安排岗位。所安排的岗位，既能满足任职者的能力，还要能具备一定的提升空间；另外还要注重培养有潜力的人才，使他们能够“永远有差距，就永远有追求”。

004

[不计前嫌，唯才是用]

“建安七子”之一的陈琳曾写过一篇讨伐曹操的檄文，历数“操之罪”。这篇檄文传到许昌时，曹操正因为头疼病而躺在床上，听了檄文的内容，曹操又惊又怕，顿觉毛骨悚然，出了一身冷汗。

官渡大战之后，曹操生擒了陈琳。他没有因为一时气愤而杀了陈琳。他认为，陈琳极有才华，杀了可惜，因而下令“赦之”，并“命为从事”。

曹操能够抛弃个人恩怨，对陈琳委以重任，其度量是常人不可比拟的。自古以来，中华民族就崇尚“宽容大度”的美德，这种美德能够展现出一个人的人格魅力。凡成就大事的人，都必然胸怀宽大，有容人之量。领导者在用人上就要像曹操那样，做到不计前嫌、唯才是用。

爱德华·利伯是著名的玻璃制造商，他手里有一家规模并不算大的企业——新英格兰玻璃公司。利伯渴望自己的企业能够发展壮大，成为美国玻璃制造业的龙头。

利伯有一个手下叫迈克尔·欧文斯，是玻璃公司的一名普通工人，也是当地颇有声望的工会领导人。当时的欧美社会，无产阶级的工人运动正蓬勃发展，欧文斯经常鼓动公司工人举行罢工，一起反对利伯，并要求公司增加薪水、缩短工时、改善工作条件。因为罢工运动，利伯不得不将自己的公司迁到了另一个城市。但他在把公司迁走的同时，并没有开除欧文斯，反而在到了新厂后，继续重用反对过自己的欧文斯。

原来，在罢工运动当中，欧文斯曾经代表工会和利伯进行过一次谈判。在谈判中，利伯不仅发现了欧文斯血气方刚、敢想敢说的性格，同时还发现他在玻璃生产和技术革新方面是一个不可多得的人才。

当他决定重用欧文斯的时候，欧文斯不失时机地提出要求改善职工待遇，同时猛烈地批评了利伯在玻璃生产管理、技术革新等方面上的问题。利伯不但没有生气，他反而认为欧文斯有独到的见解。

公司迁到新址后，利伯人尽其才，十分注重发挥欧文斯的才干。他的宽宏大度，让欧文斯深受感动，从此他们开始了合作历程。三个月间，欧文斯向利伯提出了很多改革的建议，均被利伯予纳，他的这些建议让公司获得了巨大利益。利伯也因此更加赏识欧文斯，并让他担任了部门的主管。

对于领导者来说，要想用人成功，就必须有宽广的胸怀。利伯的不计前嫌，使得曾经在谈判桌上针锋相对的“敌人”变成了自己亲密无间的合作伙伴，也为公司带来了实际的利益。这不就是一个很好的例证吗？

作为企业领导者，是否具有不计前嫌的胸襟，直接影响到企业是否有发展前途。对于有才华的反对者，一个优秀的领导者应以宽广的胸怀容纳他们，并主动接近他们、起用他们，让他们感受到领导者的爱才之心和容才之量，从而使他们改变对自己的态度，全心全意地去做事，为企业谋求利益。

需要记住的是，“度量”不是先天就有的，它是后天修炼出来的。企业领导者在修炼“度量”的时候，不能急于求成，需要一点点地去磨合，不断地扩大。

005

[匹配人才到合适的岗位]

索尼公司能够不断地获得发展，与其领导者能够为人才找到合适的发挥空间是分不开的。作为演员出身的大贺，被提升为索尼公司的总裁，就是最典型的例子。大贺充分发挥了自己在乐声和经营方面的特长，仅用九年时间，就让索尼公司成为全日本最大的录音公司。

当今企业之间的竞争，其实就是企业人才之间的竞争。拥有了人才，就拥有了在竞争当中克敌制胜的法宝。公司领导者如果不懂得知人善任，就会白白浪费人才优势。“知人善任”说起来容易，但真正实行起来就难了，特别是“善任”。善于用人的领导者，不仅要考虑人才的资历、能力，还要注意“量体裁衣”，为人才选择合适的岗位。

英国管理学家德尼摩曾经说过："任何人都有他自己该有的位置，只有将一个人放在适合他的位子上，才能发挥出他身上的潜能。"那么，领导者如何给员工"量体裁衣"地分配工作呢？

第一，根据员工的性格特点。每个员工都有自己的性格特点和个人爱好，对企业领导者来说，应该依据下属的优点和喜好来合理地分配工作。比如，让成就欲望比较高的下属单独去做一件有挑战的事，并在其完成任务后及时给予肯定和赞扬，激励其工作的积极性；让有权力欲望的员工，依他们的能力担当相适应的管理职位，同时要加强他们对企业的认同感，增强员工之间的凝聚力，这样才能激发员工的工作热情。

第二，根据员工的爱好和专长。"闻道有先后，术业有专攻。"这句话是亘古不变的道理，是老祖宗总结出来的精华。假如我们让瓦匠去做木匠的活，让木匠去做瓦匠的工作，最后不仅工作效率低，也会把事情做得一塌糊涂。每个人都有自己的长处，企业领导者该做的就是给予每个人适合发展的道路。量才适用，需要按照不同人才身上的不同素质来安排相应的岗位职责，将合适的人才放到合适的位置上；同时，在做这些工作之前，企业领导者要注意记住人与人之间的性格、气质、兴趣和专业等之间的差距，发现他们的专长。

对许多企业来说，知人善任或许是一件难事，需要领导者花费大量的时间、精力，去观察、了解一个人才的能力范围。有时候，为了一个关键位置的适当人选，领导者会大伤脑筋，行事过于小心翼翼。但这种小心翼翼是必需的，否则当发现用人不当而造成重大损失时，就不可挽回了。这样的教训，在企业当中并不少见。

将一个合适的人才放到合适的位置上，才能发挥其特长，才能施展其才能。如果把不适合的人强行放到不适合的岗位上，就会造成员工既无法完成企业设定的目标，又会导致下属的不满，从而造成企业工作效率的降低，这也是对人才资源的浪费。企业领导者必须时刻谨记，对人才就该“知人善用”“量体裁衣”。

006

[信任，是任用人才的前提]

在沃尔玛超市，每一个领导者都有镌刻着“我们信任我们的员工”字样的纽扣。

有一回，沃尔玛企业内出现了偷窃现象，公司报警处理。当警察问道：“你们就不怀疑是你们公司内部人员偷走物品的吗？”管理人员十分自信地说：“用人，信赖是前提。如果我连自己的员工都不相信，还怎么去经营企业呢？我绝对相信此次偷窃事件与企业员工无关。”这位领导者的话让警察不得不相信他。结果调查之后发现，偷窃者果然不是公司的人。

信任是人与人交往的前提。一个企业在用人的时候，也应经过多番的考量，只有建立信任的桥梁，员工才会心甘情愿地与企业站在同一条战线，为企业尽心尽力地工作。

信任也是任用人才的关键。想要做出品牌，首先就是让客户信任。只有产生了信任，客户才会下次光顾，这样就不愁商品卖不出去。同样，企业在做管理的时候，也是在经营人才，只有与员工达成共同信任的认知，企业才会形成一股强大的凝聚力。

用人，却不能对这个人予以足够的信任，处处猜忌，处处予以控制，这样一来，被任用的人就很难用心地工作，完成工作的积极性也不会很高。适当地向下属表示信任，是确保人才能够全心全意投入工作的前提。

史书上曾经记载:“策为人，美姿颜，好笑语，性阔达听受，善于用人，是以士民见者，莫不尽心，乐为致死。”说的就是三国时期的孙策，孙策在年仅十几岁的时候，便手握千军万马，横扫江东，为东吴打下了江山。孙策能够在乱世当中运用短短数年便做出一番轰轰烈烈的事业，这跟他对下属的信任是分不开的。

当时，太史慈原为刘繇部下，后被孙策收降。当刘繇被孙策杀得大败，率领残兵败将四处逃散的时候，孙策派下属太史慈去招纳刘繇的下属。这个时候，孙策身边所有的人都担心太史慈会趁这个机会一去不复返，而孙策却笑着说:“我了解太史慈的为人，知道他绝不会这么做的。”

临行前，孙策亲自为太史慈饯行，在宴会上，孙策拉着太史慈的手，问他:“你这次去，需要多长时间能够完成任务？”太史慈说：“不用两个月。”果然，50多天之后，太史慈带领浩浩荡荡的军队回到了孙策大营，那些士兵都是刘繇的残部。

人们常说：“疑人不用，用人不疑。”既然将人委以重用，那就该去信任他。孙策就凭借对下属的信任，换来了下属的忠勇。

曾经有人说过：“信任是一种有生命的感觉，信任也是一种高尚的情感，信任更是一种连接人与人之间关系的纽带。”总而言之，只有对一个人充分予以信任，让他真切地感受到领导者的信任，才能激发出他工作的积极性和创造性，企业才能从中获得最大利益。

那么，怎么才算是对下属的充分信任呢？需要做到以下几点：

第一，主动拿出信任的态度。人与人的情感是相互的，如果领导者主动拿出了信任的态度，那么员工也会尽心尽力地为企业做事，为企业付出自己的忠诚。

第二，懂得放权。有一句俗语：“日防夜防，家贼难防。”担心手底下的员工对自己不忠诚，是企业领导者不能充分信任下属的根本原因。所以，对下属充分信任“难”在思想的转变上。领导者不仅要牢牢记住“用人不疑”这一用人准则，同时也要懂得放权，不能牢牢地攥着手中的权力不放，这样显然是对下属的一种不信任。

第三，充分信任下属，使上下级之间感情化。要做到这一点，就需要企业领导者认真分析下属的心理活动，尽可能地满足下属的正当心理需求。领导者要用真诚去化解他们的顾虑，给予他们充分的信任，使得他们全心全意地为企业做事。

007

[让所有员工劲往一处使]

一个农民带着他的3个儿子一起住在深山里。冬天即将到来，儿子们拉了大车，准备到集市上购买过冬用的粮食。

山中道路崎岖，通往山下集市的路有3条，3个儿子都坚持认为自己选择的路最好走，谁也不让谁。于是，3个儿子各自拉着车，向自己认定的方向走去，车子却怎么也拉不动。这个时候，他们的父亲来了。父亲对自己的3个儿子说："你们这个样子，永远都不可能到达集市，也不可能买到粮食，你们只有坚定地朝着同一个方向，车子才会向前。”

听了父亲的话，儿子们商量好，就朝着大哥选择的方向走，终于顺利到达了集市。

故事中的三个儿子其实并不是愚蠢的人，他们有自己的思想，他们所选的路并没有错误。但是车子只有一个，如果三个人朝着不同的方向用力，最终会让车子失去方向。在企业经营发展的过程中，领导者也会遇到类似的问题。手下员工都很优秀，但是工作起来却不朝着一个方向前进。如果员工之间一味地相互较劲，即使是最简单的工作，也不一定能够做好。那么，当出现这样的问题时，领导者该怎么做呢？

小吴是一家房地产公司的部门经理，手下有四五十个工作人员。最近一段时间以来，市场上的房价涨了好几倍，小吴所在部门的业绩不升却降。为了弄清业绩下降的原因，他离开了自己的办公室，抱着一大堆资料，主动和基层员工们一起工作。

通过几天的接触，小吴终于摸清了几个问题：

第一，自己手下的员工中，有些工作比较细心，但是不善于言谈，不适合在外边跑业务；还有一些员工虽然做事有点儿马虎，但反应极快，有很好的口才和社交能力，小吴觉得这些人就很适合外出跑业务，人员安排需要做出调整。

第二，领导者和员工之间有隔阂。做管理的都会与下属发生矛盾，但是有矛盾就要及时解决，不然就会给企业带来损失，那么最好的办法就是多交流。

第三，要虚心倾听员工的内心想法，同时还应该对员工的意见做相应的记录。安排工作的时候，尽量避免安排不同意见的员工在一起工作。同时，也应该就一些事情表达自己的观点，让员工知道自己的工作特点。

小吴通过这一个月的“深入基层式”的改革，终于使部门的业绩快速提升。

如果一个部门出现了类似的情况，那么作为领导者，绝对不要犹豫，要放下自己的“官架子”，将自己和员工们融为一体，找到问题的根源。

如何才能找到根源呢？最简洁快速的方法就是交流。人们常说，交流是人与人相处的必经之路，再大的矛盾也能通过交流去解决。深入地交流可以了解到员工内心的真实想法，比如两个性格迥异的人去做一项工作，但是因为所站的角度不同，工作做得南辕北辙。所以，企业领导者在给他俩划分任务的时候，就该当面进行交流，了解他们的内心想法，明确彼此的想法和思路，之后再让他们慢慢磨合。如此，两个性格不同的人才能朝着一个方向使劲。

让员工劲往一处使，其实不是很难，关键是切入点的选择，否则就会出现前文中讲到的三兄弟各行其是的局面。在一个团队之中，每个人都有各自的作用，但是作用发挥不到一起，也是徒劳无功。所以，可以运用相互补足的方式将力量汇聚，形成合力朝着一个方向运作。比如，3 个人去送货物，一个人会开车，一个人的力气大，还有一个人够细心，这 3 人一同出去做事，他们相互补足，把自己的长处汇聚在一起，朝着同一目标出发，必定是能完成任务的。

珍珠项链是美丽的，但是没有一条线作为贯穿，又如何成为漂亮的佩饰呢？作为企业领导者，就要成为那条主线，将员工的力量汇聚在一起，让他们知道企业的目标，朝着目标共同前进，使整串“珍珠”现出美丽的光芒。

008

[避免出现压制人才的情况]

唐太宗是中国历史上一位极有作为的君主，他广开言路，善纳忠言，使得很多人能够勇于进谏。但是他到了晚年的时候，却犯了历史上很多明君不可避免的错误，因为年老而变得思维迟钝，考虑问题也不像当初那样周密，对那些出言进谏的大臣，也不再那么欣赏。于是，敢于进谏的人就少了。唐太宗想不通当中的道理，就找来魏征询问此事。

魏征回答说："大臣们能够直言进谏，是陛下开明之故。而近来，很多官员被陛下的天威给压制住了，大臣们猜不透陛下心中所想，所以不敢再像原先那样直言进谏了。"

唐太宗对魏征的话仔细思考后，颁布了一道圣旨，意思是所有进谏的人不管他说的什么事情，只要说得有道理，就有功无罪。一段时间过后，敢于进谏的人又多了起来。

常言道："忠言逆耳。"历史上有很多帝王将相不能面对自己的过失，听到逆耳的话，就会自动过滤，并且严加处罚献出忠言的人，最终导致国家衰败，甚至是灭亡。相反，能够直视大臣谏言的帝王，国家必定会变得繁荣，呈现出太平盛世的局面。作为企业领导者，其措施和决定与企业发展的动向息息相关，所以其判断与决策尤为重要。企业领导者在面对员工的意见时，不论好坏，都应该认真思考权衡，以免出现压制人才的局面。

老张年至四十，他在企业中打拼多年，终于成为公司科长。客观来说，老张是一个尽职尽责的科长，但他为人十分固执。加上老张是靠一步步的奋斗晋升上来的，他的企业思想十分保守，对计算机等现代化办公方式也不太熟悉。

有一天，老张让新来的助手小李给国内其他分公司发一份国庆节进行降价销售的通知。小李接到任务后，通过电子邮件，几分钟就将降价销售的通知全都发了出去。但是，老张却很不放心，过了一会儿，他又将小李叫到办公室，要求他用传真把降价促销的通知再发一遍。没办法，小李只好站在传真机旁边不断重复这样的话："你好，某某分公司吗？我这儿是总部，请给我一个信号，我发一份传真过去，签收后再回传一份……"

事毕，口干舌燥的小李越想越觉得憋闷，最后实在忍不住，同老张进行了激烈的争吵。小李说："公司人力资源浪费和工作效率低下，都是像你这样食古不化的人造成的。”老张固执的脾气也上来了，大声吼道：“你要是不想干了，随时都可以走人，公司少你一个也不会有什么损失！”就这样，性子冲动的小李愤然辞职。

后来，老张回想起这件事情，觉得小李其实是很有才能的，全怪自己情绪失控错怪了小李，才导致了小李的辞职，是自己的固执使公司损失了一个人才。

企业领导者与员工相处的时候，或多或少地会听到一些对企业的意见。既然员工存在意见，就说明企业在某些方面有欠缺。企业领导者不能对这些意见视而不见，或者对提出意见的人进行压制。企业领导者应该做的是肯定员工的想法，否则这次遭到压制后，即使他们发现了企业当中更多的弊病，可能再也不会有人谏言了。

在企业中，有新想法的大多是公司里的年轻人，领导者对他们进行压制，肯定会挫伤他们的自尊心，进而使公司失去蓬勃发展的生机。作为企业的领导者，一定要仔细地考虑他们的意见，掌握企业发展的动态。

一个企业领导者如果真的有压制人才的行为，这无疑是将公司推向风口浪尖。因此，企业领导者要时时刻刻、仔仔细细地思考自身问题，将要说的话、要做的事进行全方位的考虑，避免因为权衡不周及压制员工的正确建议和意见，最终给企业造成不可挽回的损失。

009

[不用任何一个多余的人]

太平天国定都天京后，天王洪秀全在天京滥封王爵，到太平天国运动失败的时候，整个天国竟然封了 2700 多位王爵。这种天国内部诸王并立、各王拥兵自重以及彼此之间争权夺利的结果，最终是发生了“天京事变”。从此，太平天国逐步走向败亡。

与太平天国类似的例子还有很多，像东晋有名的“八王之乱”，因为皇帝封王太多，最终导致权力失衡，让一个国家因为内战而走向衰败。诸如此类的例子给予领导者警示：企业用人的时候，必须秉持“不用任何一个多余的人”的原则。

不用任何一个多余的人，对企业来说有什么好处呢？

第一，保证企业的工作效率。随着市场经济的快速发展，“兵不在多而在精”的企业思想越来越为企业领导人所重视。

有种情况在如今的企业当中并不少见：一个工作职位，一个人便足以应付，却偏偏同时安排了好几人共同来做。这种现象，表面上看是企业本身的制度问题，实际上是领导者在用人上的错误。这种错误会造成企业工作效率低下。所以，“不用任何一个多余的人”是提升企业效率的重要良策。

第二，保证企业秩序井然。在企业改革上，很多公司大力实行下岗分流的举措，削减不必要的机构和冗员，这样做不仅减轻了财政负担，还大大提高了工作效率。精简裁员，也使许多企业逐渐由亏损转变为赢利，各个机关和部门的工作变得井然有序。

唐太宗李世民在用人上长期坚持“官在得人，不在员多”的原则。他数次对自己的臣子们说：“选用精明官员，虽然人少，但行政效率却极高；如果任用那些只知道阿谀奉承而没有实际才能的人，数量再多，也无济于事。”他曾经命令房玄龄对30个县的行政区域重新进行划分，实行精兵简政。此外，李世民还亲自监督，精减中央机构，将中央文武官员由原先的2000多人精减到643人。正是这种用人方法，大大地提高了朝廷的行政效率，于是大唐上上下下政通人和，出现了中国封建社会繁荣昌盛的太平盛世——“贞观之治”。

古人似乎先知先觉，早已经总结出“人多未必是好事”的道理。做企业不是在做慈善，人多未必是善事；也不是在进行拔河比赛，人多了力量未必变大。作为企业领导者，应该根据具体情况分析需要用人的数量，不能盲目任用，避免导致机构臃肿，人浮于事。

第三章

服人：以身作则，以心换心

有能力的人大多有个性，有才华的人大多不服管。身为领导者，想要让不同脾性的员工心甘情愿地为公司效力，就一定要从情感层面出发，找到收服人心的方法。不仅要有以身作则的示范，还要有以心换心的诚意，如此才能让员工真正对领导心服口服。

001

[批评下属，对事不对人]

三国时期，刘备在争霸天下的过程中，经历了无数次大大小小的战役。这些战役有胜利、有失败。遇到战败的时候，刘备会因为战略不佳而对军师有意见，或者因为人员伤亡惨重对将士军法处置。就好比张飞，因为其鲁莽的性格，经常被刘备惩罚，但是惩罚过后，刘备和军师以及众将士依旧相处融洽，刘备、关羽、张飞三人依旧是“桃园三结义”的好兄弟。

刘备在处罚将士的时候，没有因为兄弟的身份而手下留情，他是真正地“对事不对人”，事情过后便雨过天晴。作为管理者，做到这一点尤为重要。

常言说：“金无足赤，人无完人。”任何人都不是完美的、万能的，都会不可避免地犯下一些错误。当自己的下属做错事的时候，作为领导者，不论怎样愤怒、怎样心烦，都应该记住，批评应该是只针对工作情况，而不是针对某一个人，要遵守“对事不对人”的准则。

2005年，一家网络公司迅速崛起。该网络公司在面对流量用户的同时，还需要为其他网站提供服务。公司负责人几乎天天盯着服务器，面临的压力可想而知。

正在这个时候，销售部的工作人员又谈成了一个新的门户网站，但该新门户网站希望能够使用自己网站的搜索引擎。对此事，部门领导十分头疼，他很清楚，这个服务器运行速度已经快要跟不上了，如果再添新服务，极有可能造成服务器的崩溃。经过多番思索，部门领导还是选择了合作。果然，就像他先前预料的那样，服务器十分不稳，最后只得紧急下线。

为此，该部门领导在不安当中过了好几天。他十分清楚，以上级领导的性子，是绝不允许他出现这样大的失误的。但让他没有想到的是，上级领导并没有因为这个重大的失误而大发雷霆，在公司的例会上，他十分平静地对该部门领导说道：“你的职责是保证公司服务器的稳定，发生这件事情，你有很大的责任，需要好好地反省一下。”接着话锋一转说道，“现在问题的关键是怎样解决这个问题，而不是追究责任的时候。大家赶紧讨论一下解决方法吧。”

随后，该部门领导在大会上说出了自己的解决方案，上级领导一边认真地听，一边赞许地点头，觉得他的解决方案很好，也很全面，和大家一样很快地投入讨论当中。该部门领导见到这种情况，心中的压力便慢慢缓解了。大会之后，该部门领导见到上级领导，还是觉得很不好意思，没想到上级领导就像忘记了这件事情一样，主动过来跟他说："这个周末有空吗？"

看到上级领导脸上期盼的神情，该部门领导乐了起来，说道："你是不是又想将大家聚在一块儿出去玩玩？"就这样，该部门领导又恢复了以往的工作热情。

上述案例中的企业领导者，在处理事情的时候，没有一口咬着失误不放，或者是针对该部门领导犯下过失的行为进行严厉指责，他首先做的就是想着找到补救方案。企业领导者"对事不对人"的方法有利于激励员工尽心尽力地工作。

有时候，领导者可能真的压抑不住内心的火气，但需要记住的是，火气应该朝着事情发泄，而不是对着员工发泄，不能因为员工的过失而上升到对其尊严、人格、个人作风等问题的批评。假如"对人不对事"地责罚，最终会使上下级不同心，出现隔阂，为公司的发展埋下隐患。

那么，上级应该怎样做到对事不对人呢？

第一，分清行为问题和自身问题。批评下属，应该批评下属的行为问题，而不是下属自身的问题。比如，一个下属在上班的时候常常迟到，那么只应该批评他的行为问题影响了整个企业的工作效率，而不应该只是指责这个人本身是存在问题的，不该说其“不负责任”或者“自私自利”的话。领导者要处罚的话，也只能针对他违反规章制度的行为。

第二，用沟通去化解，做到具体问题具体分析。批评应该对事不对人，这个道理说起来容易，真正实行起来实属不易。从哲学角度讲，所有的事物都是矛盾的，处理问题的时候应该做到具体问题具体分析。企业领导要为自己说过的话、做过的事负责，不要等到事情过后才后悔，那样也于事无补。员工犯下错误，大都是无心的，有谁希望自己的工作生涯上出现污点呢？企业领导者应该把员工所犯的错误视为一种经历，所谓“吃一堑，长一智”，下回遇上类似的问题，员工们就能轻松解决了。

同时，也要用沟通去化解彼此的矛盾。在批评过后，不能让员工内心产生隔阂，带着情绪做事，那样只会使得工作越做越糟，事倍功半。

第三，不翻旧账，不牵扯他人。领导者要懂得帮助下属不断提高工作能力，帮助下属提高纠错能力，不应该因为员工一时的失误就老去翻旧账。这种翻旧账的行为，只会伤到下属的自尊心，是做领导者的一大忌讳。

第四，确保批评有意义。企业领导者在批评下属时，要明确批评的目的，具有针对性。如果下属真的能力有限，那么批评就可能起不到实质的作用。比如，一个下属因为忘记定好闹钟而迟到，领导者就可以进行批评，使其改正。但如果迟到的原因是因为上班路上地铁突然坏了，这个时候批评员工是没有意义的。因为这种非主观原因，不是一个人可以掌控的。

常言道：天子犯法与庶民同罪。古时候就有了“对事不对人”的观点，作为现代企业的领导者，更应该苦修“对事不对人”的基本功，做到公平公正，如此企业才会立于不败之地。

002

[善待为企业做过贡献的老员工]

一群鸬鹚跟着渔民在海边生活了几十年，为渔民的养家糊口立下了很大的功劳。日子一天天地过去，这群鸬鹚慢慢地老了，它们的眼睛花了，腿脚不灵便了，不能再像以前那样帮着渔民下海捕鱼了。没办法，为了能够继续养家糊口，渔民不得不从市场上买来几只小鸬鹚。

经过训练，这几只小鸬鹚掌握了捕鱼的能力，然后就跟随渔民下海捕鱼了。它们很能干，捕鱼的数量越来越多，渔民很满意，将好吃的、好住的都给了这群年轻的鸬鹚。而那些已经老了的鸬鹚，渔民就弃之不顾了，一只只饿得皮包骨头，奄奄一息，样子很是凄惨。

有一天，那几只年轻的鸬鹚突然集体罢工，蜷缩在船头，任凭渔民呵斥，这群年轻鸬鹚都不愿下海捕鱼。渔民没办法，就问它们："我给你们最好的待遇，将最嫩的鱼给你们吃，将最舒适的窝棚给你们住，每隔三五天就给你们放两天假，你们为什么要这么待我呢？"其中一只鸬鹚说道："因为我们现在年轻，能够为你捕鱼，我们才能有吃有喝，等我们不能给你捕鱼了，我们的下场还不是像那些老鸬鹚一样？"

上述故事中，渔民就好比企业的领导者，而鸬鹚好比是企业的员工。在很多公司里，一些员工岁数大了，就会被冷落，甚至被辞退，罔顾其过去为企业做出的贡献，这种行为会动摇年轻员工对企业的忠诚，企业必然无法长久地留住人才。

当今社会发展迅速，企业的员工制度和性质也发生了变化，员工流动性强，很少有哪一位员工在一个企业工作终生。对"老员工"的定义也就不仅限于年龄，更多的是在企业中供职的年份。有些领导者觉得员工年纪变大，对企业的价值越来越小，或者资历久获得的薪酬待遇随之提升，就想无故降低其待遇，殊不知这样做也会造成不可挽回的损失。

有一家美容机构，生意十分好。其起初是一家名不见经传的小店，如今已经发展成拥有十几家连锁店了。就在企业蒸蒸日上的时候，问题出现了，有一款新产品推出之后，领导担心销售不好，于是就想到了给员工提成销售的方法。

产品是销售出去了，员工拿走的钱也不少，领导为此很心疼，钱都让员工拿走了，那怎么行呢？所以需要改变公司的管理制度。这一改就毁掉了自己经营多年的企业，老员工纷纷提出辞职。出现这种现象的时候，领导没有检点自己在哪儿出了问题，也没有及时地挽留老员工，而是当着员工的面说道："世界上什么都缺，就是不缺人。"

结果，多米诺骨牌效应出现了，老员工一个个都走了，同时带走了很多的老客户，而新员工也不能及时到位。就这样，一家很有希望做大的企业被迫关掉了很多的连锁店。

有些企业对待老员工很是苛刻，而有些企业对待老员工比新员工还要好。前者企业人心不一，自然不能长久发展，而后者企业团结一致，员工的积极性高涨，企业发展突飞猛进。对企业领导者来说，如何对待老员工也是一门学问。

中国有句古话："狡兔死，走狗烹，飞鸟尽，良弓藏。"如果对那些老员工不能善待，如何能让年轻员工全心全意地为企业工作呢？其实，员工是企业的第一客户，没有了员工，又怎么能让企业运营呢？所以，企业领导者要善待老员工，将老员工的利益放在心上，让老员工传授新员工经验和技能，如此一来，企业才可能持续地发展。

003

[率先垂范，带头遵守规章制度]

联想前执行董事柳传志曾经在联想公司制定了迟到制度：无论是谁迟到了，都必须去罚站。柳传志迟到了，也不例外。这为企业带来了一股正气之风，以至于后期开会的时候，很少再有人迟到，这种制度也一直沿用至今。

职场中，员工经常会遇到领导者在制定企业规章制度后，对员工要求极为严格，但领导者自己游离在制度之外。这种压强式管理带来极大的危害，员工们虽然表面不敢说，但是内心是极为反感的。领导者不能以身作则，又如何能让员工信服制度的管理与约束呢？

如果领导者能够以身作则，率先垂范，遵守规章制度员工们就会被领导者的热情和正气所感染，对他们形成一种无声的号召和极大的激励。因此，领导者与其为员工不努力工作而伤脑筋，倒不如拿出自己的工作激情带头遵守企业的规章制度，何愁员工们不遵守呢？

领导者要给下属树立学习的榜样，并不是一件容易的事，这就意味着领导者必须时时刻刻不断地自我反省，用正能量去影响下属。

日本经联会会长土光敏夫曾经说过："作为企业主管，需要比普通员工付出更多的努力和心血，以激励手底下员工的工作热情。"正是他处处以身作则，土光敏夫成为了一位受人尊敬的企业家。

1956年，土光敏夫出任东芝电器社长，当时他手底下人才济济，但由于组织系统过于庞大，分设的层次也太多，加上管理不善，使得员工做事过于懒散，最终导致公司业绩低下。

在土光敏夫接掌公司之后，他提出了一句"一般员工要比以前多用3倍的脑，董事则要用10倍。我本人则有过之而无不及”的口号来重新组建公司管理机构。他的口头禅是“以身作则最具说服力”。他坚持每天提前半小时上班，还要抽出一小时和员工一起讨论公司的问题。

有一天，他手下一个董事请他去参观一艘名为“出光丸”的油轮。在这之前，土光敏夫参观过油轮已经有9次，所以事先说好由土光敏夫带路。正好当时是假日，他们双方约好在“樱木町”车站门口会合。土光敏夫准时到达门口，那位董事长乘坐公司的公车，随后赶到了。双方见面之后，那位董事长说:“社长先生，很抱歉让您久等了。我看，我们就搭乘您的车前往参观吧！”土光敏夫听了他的话之后，说道:“我是坐公交车来的，我们还是搭电车去吧！”那位董事长当场愣住了。

原来，土光敏夫为了杜绝浪费公司的资源，使公司一切合理化，他以身示范，不乘公车搭电车外出。这件事情立马在公司传开了，公司员工立刻心生警惕，不敢再随便浪费公司的财物。正是在土光敏夫以身作则的感召下，公司才逐渐地起死回生，业绩也开始提升。

要求别人做到的事情，自己首先要做到。土光敏夫正是要求自己首先遵守规章制度，发挥出领导者的影响力，下属才认真执行；反之，作为领导者如果自己都无法遵守制度，却要求下属必须执行，这就有些“只许州官放火，不许百姓点灯”，没有一点儿说服力。这样的领导者不会有任何的号召力，下属们也会含混糊弄。

同样，公司想要形成一股正气，也需要领导者以身作则，以积极正确的行为去做示范和导向，这样不仅可以调动员工的积极性，也可以激发员工努力向上的干劲。反之，领导者抱有一种消极、观望的态度，不仅会削减员工们的热情，也会对企业的发展没有信心。

领导者不可能时时刻刻盯着员工，关键还是要员工们自动自觉。自动自觉的前提，就是领导者要率先垂范，成为下属的榜样。领导者要时刻提醒自己对下属的激励作用是巨大的，必须为下属树立一个很好的榜样，让下属认为你的行为值得效仿。

004

[在人格上与员工平等相处]

一次，拿破仑得意扬扬地跟秘书说：“布里昂，你要和我一样永垂不朽了。”秘书不解，拿破仑就跟他解释说：“你是我的秘书。”拿破仑话中的意思不言而喻：你要沾我的光了。作为法兰西第一帝国的缔造者，跟在他身边，自然会一起名扬于世。

布里昂是一个自尊心极强的人，他觉得拿破仑的话是在打击自己的自尊心，他说：“你知道亚历山大的秘书是谁呢？”他的回答也是不言而喻。拿破仑没能回答出来，不过，拿破仑并没有因此怪罪布里昂，反而赞道：“问得好啊！”布里昂用自己巧妙的回答不光为自己赢得了自尊，也让拿破仑明白了自己的失言。

在布里昂心中，没有谁沾谁的光，人与人是平等的，不能因为职位高，就自认为高人一等。在企业当中，犯类似错误的领导者不在少数。

一些上级总是凭借职位高而对下级摆架子，由此为企业带来的负面影响很多。比如，领导者的形象会在员工心中大打折扣，会让企业上下出现隔阂等。如果企业领导者摆着架子不肯放下，不仅不能留住员工的心，也会让员工无心工作。即便这样的领导者在其他方面的品质都十分优秀，但在员工面前却没有感召力，没有支持者和追随者。

一位董事长讲述自己的一段经历。他在年轻的时候，因为气盛，处理事情急躁冲动，在工作上也总是急于求成，因此常常把事情弄得很糟。最后，他被总公司下放到分公司做经理去了。

到分公司上任的时候，因为自视甚高，所以在欢迎酒宴上，很多人认为这个新上任的经理不近人情。这让公司很多员工都对他避之不及，在最初的一段时间，他的工作都无法开展。

这种情况大约持续了半年，转眼新年到了，公司举行晚会，每个人都要即兴表演一个小节目。轮到他的时候，他唱了一段家乡小曲，赢得了下属们的热烈掌声，这是连他自己都没能想到的事情。在这之后，先前对他印象不好的下属，突然和他关系好了很多。经过认真总结，这位年轻的经理从中汲取了不少教训。

之后，他主动跟下属们打招呼，融入员工之中。下属们对他的态度转变就更大了，除了喜欢和他接触，还很喜欢跟他闲谈。他本人也从一个令人望而生畏的领导者变成了一个和蔼可亲的领导者。员工们也愿意和他沟通，听从他的吩咐。从此，工作开展得十分顺利，公司业绩也出现了极大增长。

如果领导者在下属面前表现出“我是你的领导，你就得听我的”高高在上的架势，下属们就会不自觉地疏远你。领导者和自己下属之间一旦产生了难以逾越的鸿沟，上下级的合作就会更加困难。放下架子，平易近人，这就使得企业领导者在下属面前会有一种亲和力，手下的员工自然愿意亲近，也更加心甘情愿地服从指挥。

总之，要想成为一个有影响力的上司，就要和下属平等相处。只有这样才能赢得下属的拥护和爱戴，真正收获员工的心。要想做到这一点，领导者应注意以下几个问题：

第一，与下属“统一战线”。在企业当中，常常会出现类似于“领导嘴大，我们嘴小”，“胳膊拧不过大腿”的现象，这都是权力效应造成的消极情况，因为领导者往往觉得自己的权力大于下属，使得“真理面前人人平等”这句话成为一纸空文。真正有才能的领导者应该与下属站在同等的位子上，不要自抬身价，处处显示自己的权威，只有相互之间地位平等，才能融洽上下级关系，向着同一个目标前进。

第二，请勿将职位和人格画等号。领导者和下属之间的差别，只是工作的分工不同，没有人格上的高低贵贱之分。然而，“地位效应”在有些人心里还是根深蒂固的地存在着。在这些人心中，地位越高的人越尊贵，地位低下的人就显得十分渺小。作为企业的领导者，应该时时刻刻都牢记，在人格上所有的人都是平等的，这种平等不会因为地位的变化而变化。

第三，注意说话的语气等。人人都希望获得平等关系上的交流。在批评下属的时候，不能伤害下属的自尊心。同时，批评时间的长短也要控制得当，掌握火候、分寸。当下属知道错了并且有了后悔的意思时，就不要再多批评了。相互平等的表现，除了谈话内容外，还要通过语气、语调、动作、表情等方面体现出来。实际上，这些都直接关系到下级能否和你同心同德。

005

[多一点儿言传身教，少一点儿以权压人]

有一个秘书曾经这样形容自己的经理：我们经理从来不用命令的口气来指挥自己的下属。每天他先将自己心中的想法说给下属听，然后再问下属："你们说，我这么做是否合适？"

假如他觉得助手起草的文件需要改动，就会用一种跟下属商量的口气说道："如果把这句话改成这个样子，可能会比较好一些。"他总是让手下自己动手，从来不指挥下属应该如何去做，而是充分发挥他们的主动性、积极性，在实践中不断提升自己。

谁都希望能够在这样的领导者身边工作。在与员工布置工作任务时，领导者如果能使用建议的口吻，而不是命令的语气，少一点儿权势压人，将会收获到员工们的忠诚和尽心。

作为企业领导者，应当以指导的方式去管理下属，这样的做法无疑是有益的。如果员工们做得不妥，企业领导者应柔和处理，点到为止，不能伤到下属的人格尊严。不要动不动就以权势压人，强行命令自己的员工应该怎么做、不应该怎么做，这样只会影响到下属的感受。即使员工能够按照领导者的意志去做事，心里也会不服气，弄得整个企业的员工离心离德。

在成功学家安东尼·罗宾的公司中，有一位叫作乔吉·可辛的中层领导。他在工作中从来不会盲目地表扬或者批评下属，也不会动不动给员工一些“非常好”“很不错”等口头评价。当自己的员工确实做出了成绩的时候，他及时地将他们的工作业绩公布于众，公司里的每一个员工都会知道他们的成绩，并以他们的成功为目标，让受表扬的人得到极大的满足感。同样，在员工犯错的时候，他决不会因为员工有着极重的社会地位和身份就对他们的错误处处给予包庇，也不会处处用权力来压制社会地位和身份低的犯错员工，而是对对方晓之以理、动之以情，以柔和的管理方式与下属进行沟通。

乔吉·可辛还经常给下属讲授安东尼·罗宾的故事，增强公司的凝聚力。在具体的工作中，他处处身体力行，积极地领导工作团队，以个人的影响力来提升企业的工作效率。

日本一位著名的管理学教授曾经说过：“如果不了解自己的管理对象，你就不可能发挥领导者的作用。”这句话很明确地告诉企业领导者，一定要站在下属的立场来考虑问题，一定要首先了解自己的下属在想什么，决不能盲目地用权势去打压自己的下属。

联想集团能够发展到今天的辉煌，离不开优秀人才的作努力。那么联想是如何聚拢各方面人才于自己旗下的呢？答案是：多一点儿言传身教，少一点儿以权压人。作为领导者要懂得严于律己，尊重每一位员工，不要以权势压制手下员工，这些人才才愿意留在联想，才愿意为联想的发展奉献自己的全部力量。

所以，领导者应该将自己的管理重心定位在给下属提供参考性的意见上，而不是用权势强迫下属接受自己的思维方式；要允许下属能够提出自己的看法，懂得尊重下属的意见，并且允许下属犯错。同时，领导者还要给予员工充分的信任，不对员工指手画脚，不要干涉员工的行事方式。这样，领导者才能在管理中取得主动权，进而赢得人心。

006

[用一颗诚心换取员工的忠心]

在拿破仑亲率法军进攻意大利的途中，因为感染瘟疫，很多士兵悲惨地死去，导致军队严重减员。加上长途跋涉很是辛苦，部队不得不在路上多次停留。一天晚上，拿破仑依照惯例外出查哨，却发现哨兵在偷偷睡觉。于是，他就站在哨兵旁边帮着他站岗。半个小时后，哨兵醒了，见到拿破仑在帮自己站岗，吓得腿都软了，连忙求饶。拿破仑却微笑着说："没关系，你放哨辛苦了，可以理解，但是下不为例。"

我们常常听人说："人同此心，心同此理，将心比心。"人是用心感知世界的。你用真心对待他人，换来的也是他人对你的真心。你对别人一分好，或许别人会对你三分好。所以，无论是在工作还是生活中，都需要你拿出自己的真心去对待他人，如此，才能换来他人的真心。

在企业管理中，领导者获取员工的真心并不是一蹴而就的

事情，急于求成反而会适得其反，所以需要拿出耐心，从点点滴滴的小事做起。

有一次，日本企业家松下幸之助在一家餐厅招待6位客人，他们都点了牛排。

等他们吃完饭后，松下幸之助让助手将负责烹饪牛排的主厨找了过来，他还特地强调："不是找你们经理，而是要找你们的主厨。"助理这时候才注意到，松下幸之助眼前的牛排只吃了一半，心想下面的局面肯定会很尴尬。果然，主厨过来的时候，表情很紧张，因为他知道客人的来头不小，生怕自己做的牛排不能让他们满意。

松下幸之助笑着说："你烹调牛排的技术已经不成问题了，只是我只能吃一半，这不是因为你厨艺的问题，你的牛排确实十分好吃。但是我已经有80多岁了，上了年纪的人，胃口已经很不好了。"

主厨和6位客人都面面相觑，不明白松下幸之助的这番话到底是什么意思。松下幸之助进一步解释说："你不用误会，我找你过来，只是想要跟你说清楚。我怕等会儿将剩下的一半牛排端回厨房的时候，你看到剩下的牛排会很伤心。"

松下幸之助在事业上之所以能够成功，这和他"以心换心"

的管理方法密切相关。松下幸之助如此关心一个主厨的想法，更不用说对自己的属下了。然而，在现代企业管理中，又有多少领导能够将员工的心思放在心上呢？又有多少领导能够主动探索员工的心思，为员工着想呢？

1998年新年之初，山东青岛瑞雪天降，海尔冷柜、电热本部部门主管屠武铨一家人怎么也没能想到，在新年之初海尔公司总裁张瑞敏竟然亲自踏雪前来，给自己全家人拜年。

已经72岁高龄的屠武铨紧紧握住了张瑞敏的手，对他连声道谢，对总裁在百忙之中能够亲自来探望他全家十分感激。除张瑞敏外，还没有公司其他领导到自己家里拜过年。

屠武铨十分感激地说："非常感谢总裁能够在新年的第一天就来看望我全家，这不光是对我个人的重视，还是总裁您对我所在部门的重视。来年，我的工作部门一定进一步提高自主管理的意识，做出最好的产品，决不辜负总裁对我们的期望。"

1997年，具有甩干功能的新型洗衣机畅销市场，迅速红遍大江南北。而这款洗衣机的成功跟屠武铨的付出是息息相关的。他带领整个部门的员工，苦苦拼搏吃睡都在工厂里，才圆满完成了公司交给他们的重要任务。

张瑞敏曾经说过:“人心是这个世界上最无价的东西，花再多的钱也买不来。而要赢得别人的心，只有拿自己的心去交换。这跟谈恋爱是同样的道理。要让员工能够更加真心地为你做事，企业的领导者就必须惦记着自己身边的员工，要让员工对企业负责，企业就要首先热爱自己的员工。”

是的，如果领导者能用真心去对待自己的员工，换来的必定是员工的真心。如果领导者能让下属感知到你的关心，下属肯定会以十倍、百倍的热情来回报领导，回报企业。

007

[向失意的下属伸出援助之手]

王强在一家房地产公司做销售已经两三年了，每天都是最早到公司最晚离开，工作很努力也很辛苦，但业绩始终平平。眼看着与自己同时进公司的同事个个都升职加薪，还被评为了年度的销售精英，王强心里不免有些失落。销售部刘经理看出了小王的失意，便在一次下班后留下了他，与他进行了长谈，为他分析了工作中的难题和他的优势与不足，并为他制定了详细的工作规划。在此后的一段时间里，刘经理也对王强的工作进行了悉心的指导，终于使王强的销售业绩有了大幅度的提升。

人生的道路起起伏伏，有欢笑、有泪水、有得意、有失意，这些都是人生的组成部分。因为有了它们的存在，人生才显得生动精彩。没有人会拍着胸脯勇敢地说，我的一生都是战无不胜、攻无不克的。商场如战场，有人成功，就有人失败，作为企业的领导者，在遇到失意的员工时，不应该去打击他们，而是要向他们伸出援助之手。

小林工作成绩突出，因而受到公司领导的重视，被派到一家分公司担任领导。然而，小林刚刚上任，就发现了分公司的阻力——生产部马主管。

马主管这个人做事认真，吃苦耐劳，对公司忠心耿耿。但是，马主管身上有一个很大的缺点，那就是自负，喜欢听顺耳话，凡是不服从自己管理的人，马主管就对其大发雷霆。所以，在这家分公司当中，上上下下都很怕他，所有的人都不敢得罪他。

有一次，马主管犯了一个很大的错误，他也意识到自己所犯错误的严重性，做好了被开除的准备。小林觉得开除马主管是一件大事，就开会商议。在会上，所有部门的主管都好像约定好了一样，众口一词，一致认定马主管应该被开除，他们甚至列出了一大堆马主管的“罪状”。对于同事们的检举，马主管没有任何反驳。

最后，大家的目光都放到小林身上，看看他会说什么。小林说道：“我认为看一个人，不能光看一个人的表面，不能只看到一个人的缺点，大家也应该看到他身上所蕴藏的优点。为什么马主管身上的优点大家都看不到呢？马主管身上那种对工作认真负责的干劲，恐怕在座的各位都做不到，他的这种对工作的负责精神，对一个团体来说，能起到很好的领头作用。仅凭这一点，我们就应该将马主管留下来。这样的职员是不好找的。这次错误并不是他主观上犯下的错误，而是无意中犯的错。这样的过错可大可小，可能他这次的错误给公司带来了不小的损失，但是请大家相信我，给马主管一次机会，我相信在以后的工作中，马主管会更加认真努力地工作，将这次公司的损失弥补回来。”

小林的这一番话让整个现场变得鸦雀无声。马主管从没有想过，给他解围的会是自己曾经并不满意的小林，顿时感动得热泪盈眶。在小林的坚持下，马主管最终留在了公司。

失意时，有人会说“跌倒了，那就努力爬起来，鼓足勇气面对一切”。这话说起来很简单，但真正做起来就不容易了。尤其是在周围的人漠不关心的时候，谁能保证自己能够咬紧牙关站起来呢？这时候，就需要领导者予以扶持。有些人落魄寒酸，但其怀有大志向，只是时运不济。这个时候，就需要领导者能够伸出援手，给他们一次东山再起的机会。

点滴帮助于己来说不算什么，但对他人来说却是莫大的关怀。所以，领导者切勿以善小而不为。在下属失意的时候，千万别吝啬帮助，要主动给予他们帮助；当下属遇到困难的时候，尽力帮助他们渡过难关。如此，才能成为下属心中值得信服的人。

008

[推功揽过，做下属的挡箭牌]

一天，某公司项目总监让小李和新来的几个同事做一份策划书，具体怎样执行，要求员工们听从部门经理的吩咐。经过商量之后，策划方案很快就完成了。当方案放到部门经理面前的时候，部门经理看了几眼，就将其中一些他认为没用的条款全都删了。

谁知道，项目总监看了这份策划方案大为恼火，拿着策划案重重地扔到了小李他们面前，说是策划案完全没有重点，只有一些无关痛痒的内容。项目总监不知道，他所说的重点正是被部门经理删除的内容。小李他们备感委屈，当时部门经理就在一旁却一声不吭，非但绝口不提自己的过失，反而跟着总监随声附和道："你们就不能多花点儿心思吗？"

小李和他的同事都气愤不已。

在电影《大话西游》中，唐僧对着孙悟空说了这样一句话："打妖怪你来，背黑锅我来。"最后，师徒终于取得了经书，完成了大任。在上述例子中，部门经理和唐僧的做法恰恰相反，有功劳全部归功于自己，而有"黑锅"全部都给了下属。这样的做派，怎能得到下属的认同和忠诚呢？怎能让员工尽心尽力地为自己做事呢？

作为企业领导者，如果只想着将责任推给自己的下属，下属也很有可能会想办法回避可能承担的责任。如果企业的中层管理总想着让下属为自己"背黑锅"，那么下属也会很聪明地减少自己承担的责任。工作当中如果上下级之间只想着相互提防，就会造成工作无法顺利展开，从而影响到部门的工作效率和业绩。

领导者该明白，忠心源自下属对自己的信任。一次的推过，可能会保全自己的形象，但如果一旦养成了推过的习惯，就会让下属对你的人品和工作能力产生怀疑。这样的企业领导者，将永远不可能成为一个团队的精神领袖。

汉明帝时期，一伙匈奴人向汉朝皇帝投降，汉明帝自然大为欢喜，就下达命令给尚书仆射钟离意，让他准备一些绢绸赏赐给前来递交降书的匈奴使者。钟离意按照明帝吩咐，准备好赏赐的绢绸后，让他一向很器重的一个郎官去办理这件事情。

可是，那个郎官却临时起意，他想："既然匈奴人有意向我大汉天朝投降，我们就应该拿出些诚意出来，多给一些赏赐，一方面显示我们大汉天子的仁爱，另一方面在匈奴人面前展示我天朝富足强盛。"于是他就自作主张，给匈奴的赏赐多了一些。

这件事情随后被汉明帝察觉，对这个郎官的自作聪明十分震怒，下令对自作主张的郎官施以酷刑。这个时候，钟离意却认为自己作为这件事情的负责人，责任应该由自己来承担。为了不让下属为自己"背黑锅"，他急匆匆地来到皇宫觐见皇帝，说道："任何人都难免犯错。这件事情的责任本就在我。那个郎官的任务是我委派的，如果出了差池，罪过应该由我来承担。

况且那个郎官一向是我所信任的，他做事情向来是尽职尽责，对国家更是忠贞不贰，这次犯错也是为了让投降的匈奴人知道我们大汉天朝皇帝的仁爱之心。虽然处事不当，但全是为了国家着想。还请皇上明鉴，从轻发落！”说完，钟离意就跪在地上，脱了上衣，准备接受惩罚。

见钟离意这般情景，汉明帝大为感叹，心想，钟离意竟有如此胸怀，能够为下属承担过错，实是关心下属的好官！不禁怒火去了大半，不但宽恕了钟离意，也饶恕了那个郎官。那位郎官对钟离意自然十分感激，从此做任何事情都是小心翼翼，再没有出现过纰漏。

一个人想要成就一番大业，就必须在他周围的人心中树立起一个良好的领导形象，只有这样，才能在下属的心中树立起威信，让别人从内心真正地佩服，从此更加忠心耿耿地为其做事。因此，一个有智慧的企业领导人除应该懂得在下属面前保持自己的权威外，还要真心地对下属施以仁爱，推功揽过，为下属挡下必要的责任。

有一位知名球员说：“如果有什么事情办糟糕了的话，那么一定是我做的事情了；如果有一件事情我们做得很好的话，就一定是我们全体球员做的。这是我们球员之所以能够取得比赛胜利的秘诀。”

如果企业领导者做什么事情只考虑一己私利，窃取应该由员工所有的功劳，员工自然会对其百般抵触。作为领导者，不仅要能够与员工分享胜利与成功，在事情做砸了之后，还能够主动承担责任，帮助其重新振作起来，如此才能赢得他们的真心。

009

［ 始终保持谦虚的学习心态 ］

微软集团的第一个华裔副总裁叫李开复，对比尔·盖茨十分崇拜，他举了这样一个例子："我有一个朋友在微软，他的工作就是帮助比尔·盖茨准备演讲稿。这个朋友告诉我，比尔·盖茨每次演讲之前，都会自己先对演讲稿进行批注，并且认真地去准备和练习。所以，比尔·盖茨的演讲都会圆满地结束，演讲得十分好。每次，比尔·盖茨演讲结束后，都会下来和我的朋友交流，问问他'哪儿讲得好''哪里讲得不好'，比尔·盖茨会拿个本子记下自己哪儿做错了，下次应该注意什么。"

李开复觉得，当一个人在事业上取得了成功，却还能这么敬业、这么谦虚、这么愿意去学习，是十分难能可贵的。因为，有些人成为了领导之后，内心膨胀，变得高傲自大，觉得自己是个了不起的人。李开复说：“如果有比尔·盖茨那样强，那么就有理由去骄傲。”

什么样的企业领导者算是成功的呢？无疑是要有比尔·盖茨的品德。

企业领导者对待工作的时候要拿出比一般员工更谦虚的态度，多多学习别人的长处，为自己积累经验，培养自己的才能，只有这样才能到达更高的山峰。如果企业领导者自以为是，面对员工的意见不屑一顾甚至反感，那么最后会发现自己正一步步地失去权威和下属的支持。

曾经有位企业领导说，他的能力和智慧都一般，但是有一点是其他人无法比的，那就是他能把比自己聪明的人留在自己身边做事。这和他的性格有很大的关系。在他的身边，员工们思想自由，不会因为和他是上级和下级关系而不敢说出上级的缺点，他们会勇敢地说出自己的意见，而这位领导人也会虚心地去听，以至于整个公司都融成一体。这种虚心向下属学习的精神，真的能够让员工们产生敬意。

孔子曰：“三人行，必有我师焉。择其善者而从之，其不善者而改之。”意思是说，几个人在一起，必定有值得自己去学习的人。要虚心学习别人的长处，同时把别人的缺点当作是一面镜子，看看自己是否也有类似的缺点和错误，如果有的话，就及时地改掉。孔子生活在几千年前，悟出了这样的道理，作为后人的我们，又怎能不虚心求教呢？所以，每一位企业领导者都应该养成不耻下问的学习态度，对员工的意见，好的话就去学习，不好的话要指出，如此才能抓住下属的心，与员工站在同一战线上。

孔子还说过这样一句名言："四时行焉，百物生焉，天何言哉？"意思是指天之于万物，虽然是厥功甚伟，却从不夸耀自己。作为企业的领导者，要明白"尺有所短，寸有所长"的道理，不应该去四处炫耀自己的本事，而应该谦逊好礼，收敛锋芒。

"当局者迷，旁观者清"。当一个人身在其中时，是很难察觉到其所作所为是否恰当；不过作为外人，却能很容易地发现问题所在。同样，企业领导者自身的缺点，想要本人发现却很难，但是员工们看得很清楚，提出来的建议也都是精华所在。所以，企业领导者要保持谦虚的心态，要将员工们提出的意见放在心上。

第四章

立威：恩威并施，亲疏有度

如果说服人是领导者用人的“软手段”，那么立威就是领导者用人的“硬功夫”。的确，领导者就要有个领导者的样子，如果你没有足够的“领导范儿”，没有强大到足以震慑下属的气场，又怎么能够带领你的团队创造辉煌的业绩呢？

001

[以“说到做到”的承诺树立威信]

战国时期，为了改变秦国落后局面，秦孝公任命商鞅实行新政。为了让全国的子民信任他，商鞅在秦国都城咸阳的南门外竖了一根碗口粗的木头，他对围观的人们说：“谁要是能将这根木头从南门搬到北门，赏赐白银 50 两。”

当时，50 两白银对一个普通家庭来说是一笔不小的收入，有些人一年的收入都没有这么多。这根木头，稍微有点儿力气的人都能搬得动，但是没有人上前，百姓们对官府并不信任，都觉得这是官府戏弄百姓的把戏。

就在大家犹豫不决的时候，围观人群中走出来一个大汉，他将木头按照商鞅的命令搬到了北门，而商鞅也依照诺言给了那个大汉 50 两白银的赏赐。这件事情让商鞅在百姓当中树立起了威信。从此，对他颁布的法令，大家也都愿意遵守，新法很快执行起来了。

商鞅的做法就是建立一种“承诺”机制，这种机制建立后，就会形成一股强大的威信力。看重承诺，以诚信对待员工，也是企业用人的一大法宝。诚信待人，是在告诫领导者要言出必行，说出来的话就要落实，不能反悔。这是做人的基本原则，也是领导者应有的品行。

很多企业领导者为了笼络人才和鼓励员工，会不假思索地对员工许下承诺，比如："今天要是能够超额完成任务，大家到月底就可以拿到多少分成"，"只要你们努力工作，公司一上市，到时候人人都是公司的股东……"可是当公司逐渐地步入正轨后，员工得到的不是承诺，只是看了一场雾里看花的戏，做了一个水中捞月的梦，如此一来，公司领导者就会在员工心中留下"不守信用"的形象。时间久了，员工就会心灰意冷，对企业失去信心，不愿再为这样不守信用的领导效力了。

所以，作为企业的领导者，如果不能够实现承诺，就决不能轻易地去承诺。一旦许下承诺，就要想方设法地去兑现。如果真的发生了很多棘手的问题而造成承诺要打折扣，就需要和下属及时地进行沟通，让他们知道，这一次没能实现诺言，实在是情非得已。切勿脑门一热，就给员工许下"空头支票"，这会让下属觉得领导不值得信任。

也有很多领导常常感到困惑，他们经常通过各种手段来刺激员工的工作积极性，当工作目标真的实现的时候，他们的承诺也会兑现，可为什么却达不到自己期望的效果呢？

一个财主在自己家中养了一些门客。有一年，年景不好，财主家收入低，财主感到如果还像以前那样供养这么多门客有些困难。于是，他对门客们将实情说出，说明在未来的一年内，每位门客的供奉将会减少很多，不过承诺如果来年收成好了，一定会将欠下的供奉双倍补偿。

听到这些话，有些门客很不满意。没办法，财主为了留住他们，只好实行第二套方案，到亲朋家中借钱填补，以保证每个门客的供奉不变。但是要求这些钱的利息由门客们分担。消息传开后，门客当中依然有人不满。这下，财主为难了，只好去向老学者请教。

老学者听完财主的话后，说道："你可曾注意到，对第一套方案不满的都是些年纪较大的门客？对第二套方案不满的多是些年轻的门客？"财主点点头。老学者笑着说："上了年纪的人，基本上都没什么雄心大志，他们很在乎眼下所得。而对那些年轻人来说，他们刚刚来到你这里，正是踌躇满志的时候，都希望能够在你手底下大有作为。眼下的困难对他们来说不算什么，但是他们不愿意给自己加上一个负担，所以他们会反对第二个方案。因此，你给他们的待遇，不能采取一个相同的模式，对那些年岁大的人，应该保障他们眼前的既得利益；对那些年轻的人，应该看重他们未来的发展。"

财主按照老学者所说的，回到家里重新调整了一下对门客们的待遇，果然令大家十分满意。大家齐心协力，帮助老财主渡过了这一难关。

一般来说，领导者实现了对员工的承诺，就可以获得员工们对自己的信任，继而提升整个团队的合作精神和融洽气氛。但是，这里还有一个“众口难调”的问题，也就是怎么分配下属的利益，如何分配才能让大家都感到满意。

为此，领导者还要掌握一个原则，就是要“因人而异”。这里的因人而异不是要领导者偏袒某些人，而是要根据功劳和付出的大小对利益进行分配。如果把握不好这一点的话，就会让员工觉得自己的领导做事不能够“一视同仁”，同样会让员工对领导失望。

任何事物的发展都有一个循序渐进的过程，可是总有些企业领导者想着一步登天，想要一口吃成个胖子，让自己的企业迅速地发展。于是，这个月签下一大笔订单，就希望每月都能够有源源不断订单，只要员工们按要求去做，就许下年终奖的诺言。但是，企业如果不能扎扎实实地一步步迈进，到头来，不仅目标实现不了，给员工的承诺也实现不了，甚至还让大家有种被“忽悠”的感觉，觉得领导说的话很不靠谱。正确的做法是，扎扎实实，不浮夸求进，任何目标都要依照实际情况而定。

总之，对员工最好的承诺，就是让他们能够看到切实的利益。这是对企业领导者的最大考验。那些将口号喊得震天响的领导者，一旦拿不出像样的成绩，只会让员工产生极大的不满。因此，只有让员工觉得自己的利益得到了保障，他们才会勤勤恳恳地完成企业的任务。

002

[用制度的力量强化威信力]

古人云：“无规矩不成方圆。”公司的每一个员工都要受到公司制度的约束。没有规章制度的企业如同一盘散沙。不能按照规章制度严格办事的企业，势必不能端正员工的工作态度，也就不能改变公司的整体形象。所以，规章制度是保障一个企业良好发展的必要因素。

一个有智慧的企业领导人，不光要懂得建设公司制度，更要懂得很好地实施这些制度，因为制度本身就是管理工作的一部分。不同的领导者有不同的管理观念，但相同的是，对于那些无视公司纪律的员工，一定要予以惩罚，因为这些人会威胁到企业的生存和发展。企业领导者更应该懂得用规章制度的力量来提升自己在员工心中的威信。要让每一个员工都明确，必须按照企业的规章制度来约束自己。

日本伊藤洋货行的董事长伊藤雅俊是一个行事严谨的企业家。他给人的印象向来是彬彬有礼，有种儒雅气质。但是在企业的管理上，他却从来不以个人感情行事。他要求员工不能因为对企业有功劳而自傲，凡是达不到工作要求的员工他都会毫不留情地处罚。

岸信一雄本来是东食公司的员工，后来跳槽到伊藤洋货行。东食公司是一家以生产食品为主的公司，所以他对食品的经营极有经验。因此，他的出现为伊藤洋货公司带来了一股发展活力。在此后的十多年当中，他为公司做出了极大的贡献。

面对取得的骄人成绩，岸信一雄有些居功自傲，并在一些经营理念上和伊藤发生冲突。而在人际交往当中，岸信一雄也更加放任自己，常常表现出目中无人的气派。他的行为和伊藤洋货行的管理风格形成严重冲突。

伊藤雅俊无法接受岸信一雄的做法，要求他立刻改变工作态度。但是，岸信一雄却对此不屑一顾，依然我行我素。伊藤雅俊批评得狠了，他就说：“你没有看到，我的工作业绩在不断上升吗？”

无可奈何之下，为了维护公司的制度，伊藤雅俊决定解雇岸信一雄。虽然他很心痛，但是岸信一雄的做法使企业内部形成了一种习惯势力，造成管理上的困境，如果任由它发展下去，就会给整个企业带来危机。

当解雇岸信一雄的消息传出后，公司内部很多人感到惊讶，不少人为岸信一雄求情。对此，伊藤雅俊就说了一句话："制度是企业的生命，如果对不遵守制度的人不进行惩罚，会对企业造成危害。即使这种惩罚会给企业造成一定的损失，我也在所不惜。"

在伊藤雅俊看来，企业的领导者要懂得知人善任。而知人善任，是要看他能不能在公司的制度下发挥自己的才能，只有这样，企业才能形成真正的良性竞争机制。他时时刻刻地警示手下的员工：企业要想发展，只有实现奉献精神和自我价值观，而不是权力的滥用和毫无章法的自我主义。

规章制度是企业的秩序和行为规范，只有严格地遵守企业的规章制度，才能有利于企业领导者识人、用人，才能确保企业的健康发展。任何企业的规章制度都不能成为摆设，而应该以有效的手段保证它的落实。如果有人试图违反制度，那么绝对不能姑息迁就。

制度能够激发员工的积极性，制度也能让领导者更加方便地管理企业。同时，制度能强化领导者的权威，在管理上达到事半功倍的效果。那么，怎样才能最大限度地用制度的力量强化管理者的威信力呢？

第一，确保员工熟悉公司制度。如果没能有效地告知员工怎样去遵守制度，那么制度存在的合法性就会大打折扣。在企业的生产实践当中也有这种现象出现。当规章制度出台之后，未对员工进行学习教育，当员工犯了错误才想起来用规章制度来处罚员工，这是错误的做法。因为，“不知者不为过”。

第二，奖惩必须落实。不要让手下的员工认为规章制度只是一种形式，而没有任何的约束性。在企业的管理中，一定要赏罚分明，遵守规章制度的给予奖励，反之则罚。经过这些奖惩，使员工养成自觉遵守规章制度的良好习惯，即便是在无人监督的情况下，员工们也能主动地遵守企业的规章制度。

第三，一视同仁，任何人都不能例外。在很多企业中不乏出现这样的现象：某些员工违反了企业的制度，但是犯错的是某位处于中层的领导干部，为了维护他的领导威信而网开一面，使其免受处罚。如果这样的话，只会使规章制度失去权威，遵守规章制度就成了一句空话。所以，要想有效地维护规章制度的权威性，就需要一视同仁，任何人都不能例外。

第四，适时修改规章制度。无论多么完善的规章制度，从出台的那一天开始就注定会老化，因为一个企业是不断发展的，员工也是不停更换的，同时环境也是在不断变化的，这就需要公司的管理制度要能够与时俱进，随同企业的发展适时地做出更改。只有这样，才能充分发挥制度的作用。

003

[坦然面对错误，勇于承担责任]

小彭是一家企业的部门经理，工作能力很强，但是有一个不好的习惯，就是总迟到。第一次迟到时，手下的员工没有放在心上；第二次迟到时，员工们只是皱了下眉头；到第三次迟到的时候，员工们就不满了。由此，公司职员在执行小彭命令的时候，也采取了“拖延”战略，总是不能按时完成工作，这让小彭很疑惑。

于是，小彭将秘书叫来办公室，分析员工办事效率低下的原因，秘书毫不留情地说道：“你要求别人不准迟到，可是自己总是迟到，你没有给大家树立一个积极工作的榜样，反而带头偷懒。”小彭说：“我迟到是有理由的，因为没有住在公司宿舍，住得离公司远，每天都堵车。”秘书却说：“堵车并不是迟到的必然原因，有些住在很远地方的员工也都能准时到公司。别人为什么不迟到？原因就是他们早早地就出发了。”

小彭觉得秘书的话很有道理。于是，他每天早早起床，一个月下来，发现员工对自己的不满少了，办事效率也提高了。

自然界中有一种草叫作“含羞草”，这种草只要受到外界一点点的碰触，就会将自己包裹起来。在职场中，很多企业的领导者也有着“含羞草”的特性，面对错误的时候，总是抱着屏蔽外界的态度，这种不愿意改错的态度让其失去了很多的发展机会，领导者本人也会被下属们疏远。

一位领导者曾经分享自己的经历：“有一次，我将我手下的一个员工骂得狠了一点，伤害了他的自尊。第二天，我认识到这个问题是我做得不对，就发给他一个邮件，向他真诚地道歉。我的那个员工为此感动得不得了。在以后的工作中，他做事情十分认真，帮我处理了公司中很多的难题。现在，我有了错误就跟大家主动地检讨，并不会觉得丢了面子。勇于承担责任是一种职业责任感，更是一种宽广的胸襟。”

作为领导者，放下面子，有错误就改正，不要总想着为自己犯下的错误找借口。虚心学习，虚心改之，是对自己行为的约束，有利于成长。一些中层领导在犯错的时候，常常不愿意正视自己的错误，没有勇气承认自己的错误，担心承认错误会让自己在下属面前失去威信。殊不知，不能正视自己的错误、不能勇于承担过错，只会让下属更加不满。这样的领导，在下属面前又有几分影响力可言呢？

著名遗传学家弗朗西斯·柯林斯曾在美国国立卫生研究院担任人类基因组研究所所长，可谓是事业有成、前途无量。他的实验室中，有一个医学和哲学双学位博士的学生做了一篇学术论文，并投给了杂志社。可是，杂志社却认为他的文章盗用了其他学者的研究成果，因此将他的稿件退回了。

本来这是下属的个人责任，但是柯林斯立刻写信给了另外的几个杂志社，要求将这个双学位博士生已经发表的几篇论文全部撤回。然后，柯林斯承担起所有的责任，将那个敢于造假的学生开除了。事情到此还没有完，他又写了两千多封信，给相关领域的科学家，将自己学生造假的事情告诉了他们，并就这件事向他们道歉。虽然柯林斯的这一番作为让他本人和实验室的声誉受到很大的损失，但是他还是坚持这么做了。

果然，在一段时间内，柯林斯的声望受到了损失，但是后来所有的人都对这种勇于承担错误的精神更加钦佩，认为他是一个道德高尚的科学界领袖，做了一件对科学界十分有益的事情。

作为企业的中层领导者，如果能够主动地承认自身的错误，这本身就体现了一种责任感。任何人都有犯错的时候，犯错了就要勇于承认错误。能够坦然面对自己身上的弱点和错误，进而改正它，对今后的工作和进步是十分有利的。对下属而言，一个敢于承认错误的领导者是有担当的、坦荡的、可信的、被值得尊重的，下属会更加钦佩你，对你的印象只会更好。

丹诺先生是纽约《太阳时报》的主编，他有一个习惯，就是在审理稿子的时候喜欢将重要的地方用红笔记录下来，以提醒排版的人。

有一天，丹诺先生写了一篇文章，其中有一段非常精彩的文字："本刊读者维恩先生给大家送来了一个红彤彤的苹果，令人惊奇的是，在苹果上面有一排白字，是先生对我们主编的美好祝福。这真是一个奇迹！我们杂志社的所有员工惊喜之余，没忘了进行猜测：这些字是怎么刻在苹果上面的呢？亲爱的读者，你们能明白吗？"

他觉得这段文字十分精彩，特意用红笔勾了出来。一位做事十分认真的年轻编辑看到了领导的这篇稿子，觉得如果将这件事情当作"神奇"的事情来报道，一定会被读者嘲笑的，于是便将这段文字删除了。

第二天，丹诺先生看了报纸之后，发现自己选用的那一段很精彩的文字没了，就去质问年轻编辑：“昨天我用红笔选出来的那段十分精彩的文字哪里去了？”

年轻编辑见到主编发了脾气，就胆战心惊地说出了自己的理由。听完之后，丹诺先生立刻用很诚恳的语气向那位年轻编辑道歉：“对不起，是我错了，我还以为大家都不知道这件事情呢。你做得很好，下次如果再遇到这样的情况，你有权做出任何处理。”

金无足赤，人无完人。没有人不会做错事，犯错并不意味着愚蠢，犯了错误拒绝承认，这样的领导者才是愚蠢的。一个人做错了事情，最好的处理方式是主动认错，而不是去找一些冠冕堂皇的理由为自己辩解。日本原首相伊藤博文的人生座右铭就是“永不向人讲‘因为’”，伊藤博文认为，跟人说“因为”，就是在推脱自己的责任。一个领导者如果能够坦然面对自己的错误并勇于承担责任，企业员工也会因此对领导者产生一种敬畏。

004

[决策果断，切勿犹豫不决]

张经理有个毛病，做起决策来总是优柔寡断，对方案的抉择更是如此。有一次，张经理吩咐下属小李、小王分别制作一个销售方案，张经理看过小李的方案后，感觉很好；看过小王的方案后，也觉得不错。面对两人的方案，张经理左右为难，于是开会讨论，可最终还是没能选定。张经理给员工们留下了犹豫不决的印象，不禁使员工们对张经理的能力产生了怀疑。

身为企业的领导者，几乎每天都会下达指示、做出决定。有些指示、决定是日常性的，而有些则关乎到企业的长远发展，需要领导者全盘考虑。领导者像张经理一样，表现得犹豫不决，做事情拖拖拉拉，就会削弱其在下属心中的权威性。

优柔寡断的领导者一般都害怕承担责任，因此他们在应对一些事情时很难做出正确的决定。这种左右为难的性格，常常会传染，甚至会造成整个组织管理上的混乱。所以，为了避免由优柔寡断带来的负面影响，领导者要决策果断，切勿犹豫不决。

在上海，有一位“将门之女”，因为独到的眼光和果断的决策，她成为了商界中的一颗明星，她就是许涛芳。

2002 年，许涛芳大学毕业，只有 21 岁，也许是受到家族服装企业的影响，她对服饰十分敏感。在留学期间，她发现很多怀孕的女性都在使用防辐射服，她立马觉得这将是一个庞大的市场。于是她放弃了恋爱，放弃了继承家族传统服装的行业，转而创办了自己的公司，选择走一条坎坷的道路。

开创一个新行业固然可占先机，但因为开创之“新”，更需要精准定位。与老一辈的商人相比，许涛芳并不缺少果断。在 2002 年企业创办之初，因为防辐射服只是针对小部分人的需求，且原材料需要进口，单件成衣价格就超过 1600 元。在确定了主打产品“添香防辐射”孕妇装后，销售渠道又在哪里呢？许涛芳决定：起步阶段，要专攻母婴用品店，把准妈妈们最爱逛的小店变成“添香防辐射”孕妇装的首批销售点。一年之后，许涛芳又增加了电子商务销售模式，使产品进驻网络，让“添香防辐射”成了“孕妇装”的衍生词。

许涛芳的成功与其果断的决策是分不开的，如果她面对市场机遇犹豫不决，举步不前，又怎么能抢占市场的先机呢？当然，企业领导者需要多征求别人的意见，再做出自己的决定。可心中一旦有了自己的考量，就要下定决心，果断执行。犹豫不决只会束缚住手脚，优秀的企业领导者只有拿出魄力和果断，才能向成功奋勇迈进。

005

[必要时不妨“杀一儆百”]

《三国演义》第一回记载：在曹操20岁时就担任了都尉。对于这位十分年轻的军官，很多人表面上恭敬，内心却并不信服。曹操十分清楚，要想让下属信服，就必须树立自己的权威。于是，曹操决定从“令出必行”下手，严格执法。他亲自做了一套五色棒，将其放在4个城门的城头并宣布：凡是有人违反禁令，就算是亲朋好友、皇亲贵胄也不能徇私，违者一律以五色棒痛打。

有一天夜晚，曹操的手下巡夜发现有人带刀夜行，违反政令，于是便将这个人抓了起来，之后发现这个人身份极高，是当时掌管朝政的中常侍蹇硕的叔叔。曹操的手下不知所措，只好将此人交给曹操处理。曹操毫不犹豫，直接下令用五色棒痛打此人。之后，再也没有人敢违反曹操的政令了。

企业当中总会有一些“害群之马”，这类人在员工中有一种无形的影响力。比如迟到问题，一个员工迟到了，或许在隔天的时候就会有另一个员工迟到，就会出现一个月从来没有全体员工满勤的情况。这时，企业领导者就要发挥领导者职权，“杀一儆百”，对经常迟到的人进行处罚，维护制度。

但这里指的“杀一儆百”并不是盲目的。有一个成语叫作“法不责众”，如果你对整个团队都进行指责，就会使大家产生分散责任的错觉，那么他们大多是不会受到太多的触动，甚至还会有这样的想法：“反正出了事情大家一起兜着，怕什么？”所以，面对这种情况，一定要抓一个典型，这个典型要么有严重过失，要么职权最高，让他们的被处罚在员工中产生较大的影响。如此，才能起到“杀一儆百”的作用，引起其他人的警觉。

李女士在一家科技企业担任人事主管一职。上任之初，这家公司存在着很多问题，大多数员工没有工作热情，上班时间用公司电脑打游戏等情况常常出现，甚至通宵达旦，严重影响了公司形象。

另外，该公司的管理制度也是漏洞百出，没有关于禁止员工上班时间玩游戏的规定。经过两个月对公司的一番明察暗访，李女士终于弄清了内情。接下来，李女士就在公司的宣传栏上张贴了动员全体员工提出修改管理制度意见的布告。一个星期后，李女士把获得的建议进行了综合归纳，特别增加了关于“公司计算机管理”的制度规定，其中明确规定严禁在公司的计算机中下载、安装电脑游戏，如果有违反的，第一次扣发奖金，第二次记大过，第三次开除处理。对李女士的建议，公司的领导者经过审阅后，除对个别地方进行了修改外，宣布立即实行。

然而，长期懒散惯了的员工也只是收敛了几天就旧病复发，玩电脑游戏的风气未能改变。李女士对此很是头疼，又一次调查才发现，员工们之所以敢肆无忌惮地玩游戏，是因为一些“带头者”，主要是几个部门的领导。员工们看到领导都这样，自然是“上梁不正下梁歪”。针对这些情况，李女士决定要“杀一儆百”。

一天早上，李女士和公司的管理人员到办公室进行突击检查，果然抓到一些正在手忙脚乱关闭游戏画面的情景，李女士毫不犹豫地对那些置公司规章于不顾的主管予以惩处。“杀一儆百”的效果立竿见影，再也没有人敢在上班的时候玩游戏了。

领导者一味地退让，只会让下属觉得其管理不力，进而丧失领导者的威信。但如果能够果断采取措施，处置那些敢于扰乱纪律、不服管教的“害群之马”，很快就能树立威信。

“杀一儆百”是维持秩序的必要手段，用它来整治企业环境问题是正确的选择。但是在“杀一儆百”之后，也要记得关注被处罚员工的心理，要对其加以关怀，避免出现抵触情绪。

006

[规范奖惩制度，赏罚分明]

三国时期，诸葛亮第一次北伐的时候，为了保住粮道，派手下的大将马谡率领精兵驻守要塞街亭。但因为马谡不肯听从诸葛亮的建议，私自率军队出战，造成街亭失守，蜀国军队粮道被断，诸葛亮的北伐大军陷入危境当中。幸好诸葛亮摆下空城计，吓退了司马懿的大军，才让北伐军得以顺利地撤回蜀国。

按照军中法则，马谡违抗军令，导致全军失利，应该处以斩刑。但是，马谡是诸葛亮手下的爱将，曾经为诸葛亮献出不少计策，要杀他，诸葛亮真的于心不忍。可是，诸葛亮十分清楚，马谡的过失造成了蜀汉根基的动摇，如果不能很好地处理这件事情，不光会影响军中士气，还会让自己失去威信。诸葛亮只得痛下狠心，挥泪斩马谡。

整治军队，军法是必要的手段。有过的人给予处罚，有功的人给予奖励，这种奖惩制度一直沿用至今，在企业当中也是必不可少的管理方式。

企业领导者在处罚下属时要做到铁面无私，奖励下属时要做到公平公正。如果失去了公正，就会造成无功者得志、有功者心寒的情况，进而对企业的凝聚力和领导的威信力造成损失。

曹操在用人上向来坚持有功者赏、有罪者罚的原则，而且一视同仁，不分贵贱。自己的下属只要有功劳，就一定会给予一定的奖赏，而且针对不同的人、不同的情况，给予相应的奖励。铜雀台建成后，曹操带人在此比武，为了增加喜庆的气氛，曹操下令，只要获胜，就有物质奖励。

在和李傕的交战当中，许褚连杀敌军两员大将，曹操十分感激，他紧握许褚手背，将他和刘邦手下大将樊哙相比，说道：“子其吾之樊哙也！”在荀彧离开袁绍投奔曹操之后，曹操见他才华出众，就将他当作刘邦手下的谋士张良，说道："此吾之子房也！"

一次，在和关羽的恶战当中，徐晃孤军杀入关羽军中，不仅获得了胜利，归来的时候还军容整齐，曹操对此十分满意，将他和汉朝的名将相提并论，说道："徐将军真有周亚夫之风矣！"曹操还经常引用历史上杰出的人物和自己的下属做比较，并及时地给予高度的评价。这种精神奖励法，比任何物质奖励都要深得人心。

曹操特别重视奖惩手段带来的教导作用。这不光体现在对下属身上，也体现在他对敌方将士的处理方法上。曹操特别敬重关羽"事主不忘本"的忠义精神。当关羽得知刘备在袁绍处时，自己留书而去，曹操非但没有阻拦，甚至对部下说："不忘旧主，来去明白，真丈夫也！汝等皆当效之。"

袁绍的谋士沮授被曹操俘虏后，坚决不肯向曹操投降。曹操却越发欣赏沮授的忠心，以礼相待。后来沮授盗马逃跑，曹操大怒之下下令将他处斩。沮授受刑时面不改色，待他人头落地的时候，曹操十分后悔地说："吾误杀忠义之士也！"下令厚葬沮授，并在他的墓碑上亲笔写下："忠烈沮君之墓。"

对那些卖主求荣的人，曹操十分深恶痛绝。曹操手下的侍郎黄奎勾结马腾，想要刺杀他。与黄奎小妾私通的苗泽是黄奎的妻弟，得知两人勾结后，向曹操告密，曹操便擒获了黄奎和马腾。不过曹操没有赏赐苗泽，认为苗泽为得到一个妇人害了自己姐夫的一家人，说："留此不义之人何用！"将苗泽和黄奎之妾一并斩首。

奖罚制度严明，可以加强员工遵纪守法的主动性、自觉性，也可以规范员工的行为，提高员工的素质，维护公司的生产、经营、管理秩序，保障公司各项规章制度的贯彻执行。从现实的角度来看，惩罚与奖励是两种最直接，也是最有效的管理方式。

"奖罚分明"是企业领导者的必修课，它能够鞭策员工努力工作，激发员工的工作热情。但是，领导者也需要注意，奖励和惩罚要有一个度，超过了限度惩罚就会令人恐惧、奖励就会令人疲软。这会让整个团队失去团结向上的动力。

007

[恩威并施，让员工既服从又感激]

有一次，松下幸之助的一个员工犯了大错。松下幸之助十分生气，一边用挑火棒敲着地板，一边用最严厉的言语批评他。批评完之后，松下幸之助看着手中的挑火棒，说道："我骂你骂得这么激动，连挑火棒都弄弯了，你能不能帮我把它弄直？"

这真是一个绝妙的要求，下属只能遵命，把挑火棒弄直了。见此，松下幸之助没了火气，温和地对员工说："看来你的手挺巧的嘛。"

晚上，这个员工刚回到家中，就发现妻子准备了丰盛的酒菜，等着他共进晚餐。他惊奇地问："这是怎么回事？"他的妻子解释说："刚才松下先生到我们家里来了一趟，说你今天回到家的时候，心情一定非常糟糕，让我准备些好吃好喝的为你解闷。"

在上述案例中，松下幸之助用的就是管理中经常被提及的

"恩威并施"。

在人际交往中，软与硬是相辅相成、密不可分的。威是硬方法，在于严格执行制度，保证制度的约束力和领导的威信力；恩是软途径，在于保护员工的权益，对待员工不失人情味。抓住下属们的心理，实行"恩威并施"的管理方法，可以让员工在服从的同时心怀感激。

西洛斯·梅考克是美国国际农机商用公司的领导，他在用人原则上过于刻薄、固执。如果有人违法了公司的制度，他一定依照公司的规章制度严格处罚。但这并不意味着他不讲人情，相反，他能够关心员工的疾苦，设身处地地为员工的利益着想。

有一个跟他工作十多年的老员工近来多次违反公司的制度，时常借酒闹事，迟到早退，还因此顶撞上级领导，这在公司的管理中是绝对不能容忍的事情。当这位老员工在公司闹事的事情被报告给梅考克的时候，他只是迟疑了一下，立刻提笔写下了"立即开除"四个字。

但是梅考克毕竟和这位员工是患难之交，本想下班后到这位老员工家中好好地安抚他一番。没想到，那位老员工接到自己被开除的通知后，怒火万丈地跑到梅考克面前说道："当年你的公司负债累累，濒临倒闭，是我和你患难与共，共同渡过了危机，如今我就犯了这一点点的错误，你就将我开除，难道你就一点儿情分也不讲吗？”

听完老员工的这番话，梅考克平静了下来，说道：“你也是公司的老员工了，又不是不知道公司的规章制度，作为骨干人员，你应该带头遵守。我和你的私人恩怨，不能影响到公司规章制度的执行，任何事情我都要按规矩办事。”

梅考克接着又仔细地询问了老员工闹事的原因。从交谈中，梅考克才知道老员工的妻子去世了，留下两个儿子，一个孩子因为跌断了一条腿而住院，另外一个孩子因吃不到母亲的奶而面黄肌瘦。老员工处在极度的痛苦当中，整日借酒消愁，才导致他经常上班迟到。

梅考克了解到他家中的情况后十分震惊，接着安慰老员工说：“现在你什么都不用想，赶紧回家，为你的夫人准备后事，好好地照顾两个儿子。我们是好朋友，我是不会将你逼上绝境的。”说着掏出一沓钞票递到他手中。老员工激动得热泪盈眶。梅考克又嘱咐老员工：“安心回家照顾孩子，不必担心工作。”

老员工转忧为喜，问道：“你是想撤销开除我的决定吗？”梅考克问：“你希望我这么做吗？”老员工摇摇头：“我不希望你为我破坏公司的规章制度。”梅考克拍着他的肩头，笑道：“这才是和我同甘共苦的好朋友，你安心地回家照顾孩子，我会做出合理安排的。”

于是，梅考克坚决执行了他的开除决定，以维持公司的纪律制度；同时将这位老员工安排到了一家牧场，负责牧场的管理工作。梅考克的处理方法，既解决了这位员工的工作困难，又解决了其生活困难，赢得了员工的心。

有人曾说，企业的领导者要善于“以母亲的手，握着宝剑”，这是一个十分形象的比喻。也就是说，领导者既要有母亲般的慈爱和温和，时时刻刻给员工真诚无私的关爱，又要有将军的严肃和谨慎，对员工的过错不能含混迁就。领导者要将恩和威放到同一高度，如果能够做到这一点，就会让员工对你又感激又尊重。

008

[和下属保持恰当的社交距离]

王经理和小张是好朋友，两人在一家企业上班，是上下级关系。一天晚上，两人下班后到酒店里喝酒，推杯换盏，聊得很开心。不想第二日，小张上班迟到了。这就让王经理很为难。公司里谁不知道他们两个是关系很铁的哥们儿？不罚吧，难免让其他人不服，认为这是在默许和自己关系好的人可以不顾公司的纪律；罚吧，显得太不近人情，小张心里难保不会想："哼，昨天还跟我称兄道弟，转眼间就六亲不认了。"

经过一番思考，王经理觉得作为公司的领导，自己决不能让下属觉得自己处事偏袒，不能因为小张一个人而撕开制度的缺口。最终，王经理按照公司的规章制度惩罚了小张。公司的员工看到王经理如此严厉，都不敢违反公司的制度。

谈恋爱时，恋人之间需要保持距离感，如此才能有"距离产生美"的效应。同样，在企业管理中，领导者也要同员工保持适度的距离。这样做会让员工觉得领导者既平易近人，又不失其权威。

所以，企业的领导者应该做到：若即若离，亲疏有度。与员工尽量保持"和谐"的关系，做到工作中和私下里的关系不冲突、不影响。当然，"亲疏有度"是需要把握好尺度的，倘若领导者令人"望而生畏""神圣不可接近"，员工们就会敬而远之。

所谓距离有以下几种：

第一种，心理距离。心理距离其实就是内心的一种距离意识。领导者所做的一切，与群众关系密切也好，打成一片也好，都是为了保证工作有效地运行，提高凝聚力，为了公司的发展和共同目标团结奋斗。

第二种，实际接触距离。这种距离的定位是由远近和频次来决定的。领导者和员工接触得太频繁或是太亲密，会给工作带来不利影响，让下属觉得可以在领导面前肆无忌惮。

企业领导者可以一直以“和群众打成一片”的形象出现，也可以允许他们在非正式的场合随意一点儿，但是绝对不能混淆了上下级关系，也不能让下属太过放肆。无论领导者多么平易近人，在工作上是不允许下属逾矩的。

想成为一个合格的领导者，又想获得员工的尊敬，就要做到亲疏有度，在和员工保持一定距离的同时，也要让下属感受到你的亲和。

第五章

激励：左手物质，右手精神

大禹治水，堵不如疏，管人用人，激励胜过指责。指责只会让你的员工知道自己错在哪里，被动地去改正，但激励却可以让他们知道该怎么去做，并且主动地去做。让所有员工都能够自觉主动，这才是领导者最大的成功。

001

[物质奖励是激励的基础]

楚汉时期，项羽手下的重要谋士陈平投降刘邦，并这样评价项羽：项羽表面上关爱他的士兵，看到手下的士兵生病，就会流眼泪，但是对肯拼命的将士的奖励却是十分吝啬，手里拿着任命将士的“印鉴”，印鉴的角都磨光了，也迟迟不肯发放。

打了胜仗却得不到应有的赏赐，消极的情绪就在项羽军中蔓延开来。看到他为士兵们流泪，都不觉得那是对士兵的爱护，而是一种虚伪。慢慢地，他的寡恩薄义就被下属所怨恨，他的部下也变得离心离德。最终，一代人杰项羽自刎乌江。

我们常说：“重赏之下必有勇夫。”这句话明确地告诉大家，实实在在的物质奖励才能激发人做事情的积极性。作为企业领导者，更应该看到物质奖励的激励作用。

最简单的道理：有了钱才能不让自己饿肚子，才能无后顾之忧。如果自己辛辛苦苦、流血流汗，却不能得到相应的物质利益，这样的组织肯定是松垮的、散乱的，这样的团队是经不起风浪的。而在满足了员工的利益之后，就可以解除员工的后顾之忧，最大限度地开发员工的潜能。

曾国藩并不爱财，在用人方面，他也从来不用那些为追求名利而来的人。可在用兵之上，曾国藩一直主张以“利”来维持军心，以厚赏军队换来兵将的拼命大战。他的这种治军方式换来了一支凶猛无比的湘军。

太平天国运动初期，清朝的正规军面对太平军几乎一触即溃，不得不依靠曾国藩建立的地方行政军队——湘军，以湘军来镇压太平天国运动。

对于八旗绿营兵战斗力低下、军中腐败的问题，曾国藩认为最主要原因是兵士粮饷太低，不能养活自己家人所致。于是他反其道而行之，对湘军实行厚饷原则。解决了这个问题，兵士和军官们就能够安心操练用心打战了。

为了防止军中出现因为统军将领官职设得太多而多开支军饷，所以曾国藩又在饷章中规定，凡是统兵千人以上的军官，每月支出的饷银不得超过5800两，统兵万人以上的将领，每月支出的饷银不得超过5.8万两。

曾国藩本人也曾承认“章本过于丰厚”。在《湘军志》当中曾提到：“故将五百人，则岁入三千，统万人，岁入六万金，犹廉将也。”用这样厚重的饷银来养兵，起到的效果自然是显著的，据记载“陇亩愚氓，人人乐从军，闻招募则急出效命，无复绿营征调别离之色”。士兵军官有了丰厚的饷银收入，除一部分个人生活所用外，大部分还能用来贴补家用，士兵们就可以安心地操练，这就使得湘军的战斗力得到了极大的提升，也改变了当时军队普遍存在的“驯良荒废”的现象。

曾国藩以重饷养兵，为清政府打造了一支能征善战的湘军。同样，要想打造一个具有凝聚力、坚不可摧的企业团队，以厚利优待员工是必要的手段。员工之所以来投靠你，不仅是看重你能够予给他们发展的空间，而且能够得到实实在在的好处。给员工以物质利益，可以让员工知道企业有发展、有前途，这样才能让员工一心一意地为你做事。所以，企业领导者要及时地满足下属的物质需求，以更好地激发他们的工作积极性。

002

[情感激励，要因人而异]

相传古时候一个书生走在大道上，一只乌鸦跟着他走了很久，突然停在那个人的肩头说道："你好，我是一个被人施了法的乌鸦，请吻我一下，我就可以变成一个漂亮的女子，然后还给你一个吻。"书生对乌鸦的话没有放在心上，只是将乌鸦放到了自己的口袋里，继续往前走。

乌鸦只好说："请你吻我一下，我可以变成一个美女，陪你两天，为你做各种的美味佳肴，只求你吻我一下。"书生看了乌鸦一眼，哈哈大笑，将乌鸦放到口袋里，继续赶路。过了一会儿，那只乌鸦又说："这样好了，我陪你一个月，求你吻我一下。"书生仍然只是哈哈一笑，将乌鸦放回口袋，继续往前赶路。

乌鸦气急败坏地说道："你这人怎么这么贪得无厌？我都答应陪你一个月了，你难道还不满足吗？"书生对着乌鸦笑着说："我一介书生，想的只是上京赶考，取得功名，所以我现在需要的根本不是美女作陪。我将你带在身边，只是因为你是一只会说话的鸟，一定能卖个好价钱，这样我就有了赴京赶考的盘缠了。”

故事中的乌鸦错误地认为，只要有美女相伴，书生就会答应一切请求。但是，每个人面临的处境不同，需求也就不一样，这个书生面临的困境是拮据的财务问题，需要的只是上京赶考的盘缠，乌鸦因为没能看清书生所需，也就没能解除施在身上的魔法。

谁都有遇到困境的时候，面对不同的困境，每个人的需求也是不同的。作为企业的领导者，要想更好地激励下属，就要能够及时地了解下属的需求，继而根据下属所需伸出自己的援助之手，以此激励下属的工作热情。

企业领导者如果不明白下属的需求，给下属并不需要的刺激，可能非但不会激发员工的积极性，反而会产生副作用。雪中送炭，能够让人感激；假如送去的是“冰块”，非但不会赢得人的感激，相反，对方还会以为是有意“落井下石”。那么，作为企业领导者，应该怎样去了解下属内心真正的需求呢？下面有这样一个例子。

沃尔玛公司的企业领导者十分关心自己公司的员工。他们将员工称为“合伙人”，并且时常和下属进行沟通。沃尔玛的董事长山姆·沃尔顿曾经对一个中层领导说道：“我们要做的是深入每一家的商店，听听我们的合伙人心里在想什么。有时候最绝妙的主意，都是我们那些合伙人想出来的。”

山姆·沃尔顿也曾经对下属领导提出这样的要求：作为中层的领导者，要用亲切诚恳的态度对待自己的下属，了解自己下属的为人、家庭和面对的困难，要表现出我们对他们的关心。只有这样做，才能帮助他们和我们一起快速地成长和发展。

山姆·沃尔顿也会经常出现在下属公司的商店，问问基层的员工：“你在想什么呢？”或者“你最关心的又是什么？”通过和员工的聊天，了解他们面临的困难和需要。

美国的一家报纸曾经报道了这样一件事：“在几个星期前的一天晚上，沃尔顿先生在凌晨 2 点 30 分结束自己的工作，去了一家通宵为人服务的面包店，买了些点心。回来的路上，经过公司的一个发货中心，就同一个刚刚装卸回来的工人聊了一会儿。结果他发现这里的员工至少需要两间浴室，于是便在这里建了两间。”

人才是企业发展最根本的保证。善待员工，可以让员工产生和上级“和同为一家”的温馨感。企业领导者及时地了解下属的需求，并伸出援助之手，则是进一步将这种温馨感扩大化。试想，在一个员工最困难的时候，公司能够及时施以援手，员工怎么会不将企业当成自己的家呢？怎么能够不和企业同甘共苦呢？

003

[让员工感受到自己的重要性]

小王是一家饭店里的一个默默无闻的小员工，整天郁郁不得志。一天，店里来了几个顾客，吃完饭后，顾客借着酒醉在店里耍酒疯，小王和几个员工过来劝阻，却反被其中一人打了一耳光。小王不仅没有对顾客恶语相向，反而很好地处理了此事。

事后，小王也觉得十分委屈。就在这时，让小王意想不到的是经理亲自来慰问他，表示理解他所受的委屈，并赞许了他的做法。月底的时候，小王发现，自己这个月的奖金比以往多了一些。这件事情让小王倍受感动，他从经理对自己的关怀中清楚了自己在店里的价值，从此工作更加认真。

上述案例中，经理就是通过对员工的肯定，让员工感到自己在店里的重要性，进而激发员工的责任感，最终达到了激励的目的。

让员工知道自己的重要性，就是要让员工明白自己在企业当中处于什么位置，身上承担着什么样的责任，等同于给他们施加了一定的压力。这样做不光可以激起员工的工作积极性，还可以让他们自动自发地完成工作任务。

一家医院的病房当中住着两位身患绝症的人，这两个人，一个住得近，一个住得远。

住得近的患者，家里有很多亲人，时时刻刻地都守在病床前，朋友、同事也时不时地到医院里来看望他。那些前来探视的人，常常安慰他："老王啊，啥也别想了，一门心思养病"，"单位上的事情都已经安排好了，你就放心吧"。

住得远的患者，整日守在他身边的只有一个十二三岁的小男孩，他的妻子每隔十天半个月才来看望他一次，或者送钱，或者送些换洗的衣裳。他的妻子似乎很不能体谅丈夫，每次一来，就在他耳边唠唠叨叨，家里的大事、小事，都让丈夫拿主意，边说还边哭。

几个月过去了，住得近的患者觉得事情既然都已经安排好了，自己似乎再也没有什么牵挂了，这个世界似乎也不再需要自己了。渐渐地，他失去了战胜病魔的信心，不久就病死了。而住得远的患者却感到了自己的重要性，他说："家里的大事小事都离不开我，我要是死了，我的家就垮了，所以我不能死。"靠着顽强的意志，那位患者奇迹般地活了下来。

同样是患者，但是前者死去，后者却可以活下来，这其中的差别就在于"自我重要性"。让一个人知道自己的重要性，就可以让其清楚地知道自己还有未尽完的责任，只要这些责任还没有放下，就一刻不能让自己松懈下来。

在一个团队当中，每个人都希望能够实现自我价值，希望能够体现出自己在团队当中的作用。作为企业的领导者，你需要让手下的员工感到自己在企业当中的作用，让他们感觉到团队的运作需要自己，领导也离不开自己。必要的时候，领导者还可以为手下员工创造自我表现的机会，借以提醒他们在企业当中承担着很重要的角色。

二战结束后，日本陷入了严重的经济危机，所有工厂企业效益都大幅下滑，失业人数陡增。一家以生产玩具为主的企业也濒临倒闭。为了挽救损失，企业决定裁减1/3的员工。

总裁经过考虑后，决定了裁员的主要对象：清洁工、驾驶员、非技术性人员、保安等，共30多人。正式裁员之前，总裁将这些员工叫到了办公室，说明了裁员的原因，并说裁员的对象对公司并不重要。这些人听了之后，纷纷提出抗议。

清洁员说："我很重要！要是没有我来打扫卫生，没有清洁的工作环境，谁还愿意在这样的企业中工作呢？"驾驶员说："如果没有我们驾驶员将生产好的物品送到市场上销售，公司又怎么能获得发展呢？"保安人员也说："我同样也很重要，战争刚刚结束，战争留下的一些问题还没能解决，现在到处一片混乱，流落街头的人非常多，如果没有我们，这些产品就要被那些不法人员全部偷光！"

总裁觉得他们说得都有道理，经过再三思考，总裁决定不再裁员，而是重新修改公司的管理制度。最后，总裁在公司门口竖立了一块大牌子，上面写着"我很重要"四个大字。进厂的员工，第一眼看到的就是这四个大字。

从此，这个公司不论是一线员工，还是领导层，都很重视自己在企业当中的地位。一年之后，这家企业终于走出困境，起死回生，并利用战后日本经济复苏的机会迅速地发展起来，后来成为日本国内一家有名的公司。

当员工真正能将"我很重要"这四个字当成一种思维习

惯的时候，企业的领导者就会发现自己的工作很轻松，因为员工们已经在努力为企业发挥自己的能力了。因此，企业领导者必须花时间让下属感觉到他们在企业当中的重要性，以此激发员工的责任心和主人翁意识。那么企业领导者应该怎么做呢？

第一，多听下属意见。这就要求企业领导者能够放低姿态，多多关注下属提出的意见和建议，让他们感到企业的领导层对他们的想法十分重视，让他们有为公司的发展表现自己的机会。

第二，对下属进行授权。当一个下属被上级授予了一定的权力之后，他就会觉得上级很看重自己。没人会只喜欢负责却没有相应的权力。如果真的这样做，只会让下属的工作热情一点点地被打消掉，他会觉得自己被掠夺了参与公司决策的权利，这样很可能导致员工跳槽。

第三，让下属知道领导者赏识他们。作为企业领导者，如果真的重视哪一个员工，就不要将自己对其的重视埋在心底，而应该让员工本人知道领导者对自己的重视。为了体现这一点，领导者应该在适当的场合以恰当的语言去赞赏自己的下属，激励他们能够继续为企业的发展做贡献。即使他们有的只是有一点儿小功劳，哪怕是每天按时上班，也要称赞他们的守时，决不要吝啬赞美的语言。

总之，让员工能够对自己进行一个适当的定位，让他们明白自己能做好什么样的事情，清楚自己的责任与重要性，才能让下属更好地发挥潜能，进而为企业做出贡献。

004

[请将不如激将，激出员工斗志]

一家工厂的学徒工小刘提前定级出徒。比他早进厂的学徒工小齐，自以为技术学得快，干活也比小刘麻利，于是心中很不服气，就冲着厂长发起了牢骚。厂长见小齐有争强好胜的一面，于是将计就计，说道："你的技术已经不在小刘之下，但是全年的生产竞赛当中，小刘 6 次夺魁，3 次成为亚军，2 次居第三，一年干了一年半的活，你呢？有什么骄人的业绩？"

小齐说不出来自己有什么业绩，厂长接着说道："而且小刘不怕苦、不怕累，什么脏活累活都抢着做。你却推一推、动一动，做事情缺乏主动性。如果你不服气，就做出个样子给大家看！"

小齐在一旁默不作声。从此以后，他干起活来跟之前判若两人。一年之后，小齐因成绩优异跻身全厂先进员工的行列，被评为全厂的先进工作者。

常言说得好："请将不如激将。"在一定的条件下，用激将法反而有利于激发员工的潜力。所谓激将法，是指用刺激性的话或反面的话鼓动人去做原来不愿做或不敢做的事。企业领导者要表现出对员工人能力的怀疑、担心和不信任，让对方气愤、不服气，从而激起员工的好胜心，进而更加努力地展现自己的能力，或者给自己定下更高的目标，让自己面临更大的挑战。

苏秦和张仪都师从鬼谷子，他们离开鬼谷子之后，就去游说天下诸侯，以实现自己的政治抱负。张仪首先到了楚国，结果非但没有得到楚王的重用，反而被楚国的宰相诬陷，以偷盗楚国宰相玉璧的罪名将他捆绑起来，驱逐出楚国。这个时候，苏秦已经获得了赵王的信任，并说动六国合力抗秦。为了实现六国抗秦的目标，苏秦希望有一个人能够到秦国掌权。想来想去，他想到了自己的同学张仪。

张仪正在想着以后的命运，见了苏秦派来的人之后，心中在想："既然同窗好友已经在赵国掌权，我何不去投奔他，获取自己的前程呢？"

到了赵国以后，张仪却被苏秦冷落，而且还被困在邯郸，待了好多天才见到苏秦。见面时，苏秦却让张仪坐在堂下，让他吃仆人吃的东西。张仪十分恼怒，正想发作，苏秦却首先开口斥责他："以你的才能，怎么落得这样的下场？我的确可以向赵王推荐你，可是现在的你根本就不值得我推荐！"说完，就让人将他赶了出去。

张仪受到苏秦如此羞辱，对苏秦恨得咬牙切齿，心中暗暗发誓："我要到比赵国还要强大的秦国立足，然后报今日被辱之耻！"

张仪刚刚离开赵国，苏秦马上找来自己的一个心腹，对他说道："张仪是天下难得一见的人才，我今日故意羞辱他，是为了激发他的斗志。现在，我要你设法接近他，跟他一起到秦国去，然后尽全力帮助他接近秦王。"

张仪得到苏秦派来的人的全力相助，加上自身的才能，很快就在秦国站住了脚，并得到了秦惠文王的信任，拜为上卿，掌握了秦国大权。这个时候，苏秦的心腹决定离开，张仪坚决不肯。苏秦的心腹就将苏秦交代的事情原原本本地告诉了张仪，尤其将苏秦羞辱他的好意说得清清楚楚，并请求张仪设法让秦国不要做对赵国不利的事情。

明白了事情的原委，张仪感叹道："唉，我已经中了苏君的计策，却没有一点儿察觉，我不如他的地方是很明显的了。

有苏君在，我哪里敢攻赵呢？”

上面的故事中，苏秦故意羞辱张仪的一番言论，激起了张仪心中的斗志，最终帮助张仪得以发挥出自己的才能，同时也让苏秦的战略设想得到实现。不过这种负向的激励方式大多适用于那些个人能力极强、心高气傲，但作风散漫或性格大大咧咧的人，对于性格内向、心思敏感脆弱的人是不适用的。领导者切勿用错对象，否则结果可能适得其反。

005

[适当施压，实现逆向激励]

拿破仑在一次狩猎过程中忽然听到有人在大喊“救命”，他四下里看了一下，发现一个小男孩落水了。小男孩儿一面挣扎，一面高声求救。拿破仑见那条河不宽河水也不深，就拿起猎枪对着那个小男孩说道：“你要是爬不上来，我就一枪毙了你！”小男孩儿见拿破仑非但没有救自己的意思，反而使自己的处境更加危险，为了自己的小命，只得使出全身力气往岸上爬，最后实现了自救。

在上述例子中，拿破仑本来可以跳下水去救那个小男孩儿，对他来说这并不是什么难事。但如果拿破仑真的这样做了，那个小男孩将永远不会知道，其实凭借他自身的力量，是完全可以自救的。拿破仑的做法看似是一种胁迫，其实是一种逆向的激励，通过适当施压，激发了小男孩的求生欲望。

就像我们小的时候，老师布置好作业，我们回到家中，就老爱问家长："爸爸，妈妈，这道题该怎么做啊？"家长有时候会说："不会写吗？自己先想想，想不出来就别睡觉。"于是，我们思考过后，一道题目就被做出来了。其实，不是我们不会做题目，而是不愿意去思考，有了他人的鞭策，问题便迎刃而解。对应到管理工作中，领导者也可以向下属适当施压，以起到逆向激励的作用。

美国前国务卿基辛格博士，他以能在非常繁忙的情况下仍然坚持把计划书做到最好而闻名。当一位助理将一份计划书呈报给基辛格数天之后，该助理问他对其计划书的意见。基辛格和善地问道："这是不是你能做的最佳计划书？"

"嗯……我在这份计划书上确实花费了相当大的功夫。"助理的表情有些不快。

“我相信你再做些改变的话，一定会更好。难道你不希望将这份计划书做得完美无缺吗？”基辛格充满期待地对助理说。

助理回答：“也许有一两点可以再改进一下……也许需要再多说明一下……”

随后助理走出了办公室，腋下夹着那份计划书，下定决心要做出一份任何人——包括亨利·基辛格都必须承认是“完美的”计划书。这位助理日夜不停地工作三周，甚至有时候就睡在办公室里，终于完稿了！

助理很得意地迈着大步走入基辛格的办公室，将计划书呈给基辛格。

当他听到那熟悉的问题——“这的确是你能做到的最完美的计划书了吗”时，他激动地说：“是的，国务卿先生。”

“很好，”基辛格说，“感谢你的辛勤劳动。”

不主动给自己施压，在工作中得过且过，当一天和尚撞一天钟，针对这一现象，领导者要善于给员工施加一定的压力，激发员工的进取心；当员工对自己没有信心，不敢尝试新的项目时，领导者要给员工施以推力，“逼迫”他们去尝试。实际上，每个士兵都有成为元帅的可能，关键看有没有一个逼他成才的上级。领导者要及时给员工施加一定的压力，逼出他们的潜力，这对企业和员工来说，都将大有裨益。

006

[不要吝啬对员工的赞美之词]

一天下班后，某领导突然想到自己家的钥匙落在了办公室，只好折回公司取钥匙。让他没想到的是，办公室竟然灯火通明，悄悄一看，却发现一直表现平平的新进员工小张正在连夜做企划案，这让领导十分感动，他没打搅小张，悄悄地取了钥匙走了。

第二天上班的时候，小张将企划案交到领导手上。领导看到小张的策划后觉得，虽然小张做得很努力，但是这份策划只能说是差强人意。看到小张通红的双眼，领导还是夸奖了小张，并关怀地说道："小张啊，看你眼圈通红，昨晚熬夜了吧？下次注意点，工作也不能太拼命。这份策划做得比以前好多了，但是还需要再接再厉啊！"

小张听后，高兴极了。

一位畅销书作家曾在他的著作中主说过这样的一段话："员

工最希望得到什么奖励？有人认为是金钱。其实不然。如果你将金钱和领导的赞赏同时列举出来，并告诉他只能选其中一项，那么大多数人都会选择赞赏。”对于这一说法，著名心理学家威廉·吉姆斯也表示同意。他说，员工渴望得到赞赏，没有人会从内心里认为自己受到的赞赏太多。

我们常听到一些领导者抱怨自己的下属工作不积极，上班没精神，工作没效率，每天都是一种“当一天和尚撞一天钟”的工作状态。至于为何会出现这样的现象，领导者大概只会把责任归咎于下属本身，而不去想自己是否有做得不够的地方。

其实，很多时候，员工不能全身心地投入工作，原因恰恰是出在领导者身上。比如，下属有了成绩，他们就直接屏蔽掉，连一个“好”字都不愿意说。时间久了，员工心中燃烧的小火苗就被领导者的冷漠毫不留情地扑灭了。

明清时期，有一个喜好美食的官员。为了能天天吃到美食，他特意聘请了一个手艺极好的厨师。这位厨师最拿手的菜式就是烤鸭，他做的烤鸭深受官员喜爱。但是，这个官员虽然优待厨师，却没有夸奖过他一句，厨师就觉得自己很没有成就感，整日郁郁寡欢。

一天，官员的几个好朋友前来拜访，官员自然十分开心，就在家中设宴招待。在宴会上，压轴的菜肴就是官员最喜欢吃的烤鸭。烤鸭端上来的时候，官员拿起筷子，给朋友夹了一条鸭腿，当他再次抬起筷子，想要将另外一条鸭腿夹给另一个朋友时，却怎么也找不到了。官员误以为是厨师克扣，就将厨师找了过来，问道："这鸭子怎么少了一条腿？"厨师不急不忙地解释道："启禀大人，我们府上养的鸭子都只有一条腿。"官员觉得这事十分荒谬，但是见到众多朋友在场，就没有再深究下去。等送走了朋友，官员要厨师带自己到鸭棚当中一看究竟，看看自己家的鸭子是不是真的只有一条腿。

当时已经是黑夜了，鸭子都卧在地上睡觉，只露出一条腿在外，厨师就指着这些鸭子说道："大人看吧，我们府里的鸭子是不是只有一条腿？"官员看了之后，觉得自己受到了愚弄，就用力地拍动双手，将鸭子全部吵醒，鸭子站了出来，两条腿自然都露了出来。厨师就拍手笑道："大人真是了不起，您一拍手，鸭子就长出两条腿了。"

官员细细品味，就知道厨师话中的含义了。从那之后，官员不再吝惜自己的赞美之词，时不时地对厨师的厨艺进行一番称赞。厨师心中欢喜，不断地翻新菜式，厨艺也越来越高，官员对此十分高兴。

员工需要领导适时的夸奖来激励自己，但遗憾的是，很多领导者都如同故事中的官员一样，碰到不顺心的事，就把下属批评得一塌糊涂；碰到应该夸奖的事，却又沉默不语，吝于赞美。这对下属的成长和团队的发展百害而无一利。

好话人人都爱听，喜欢被人赞美是人之常情。对于下属来说，上级的赞美也是一种暗示，如同说“好好干，公司不会亏待你”“你付出的一切，我都看在眼中”。有了领导这样的承诺，员工还能不安心吗？领导者要善于抓住这一点，千万不要吝惜称赞的话，比如称赞他“干得漂亮”“我没看错你，你很有潜力”“以后你就是我倚重的左膀右臂”，等等，以此来激励下属的工作积极性，让他们以更饱满的精神、更愉悦的心情去工作，去奋斗。

007

[通过良性竞争激发员工潜力]

长期以来，小王都是销售部工作的“业绩王”。骄人的成绩让小王不自觉地生出自满的情绪，在同部门的员工面前也总觉得自己高人一等。之后的很长一段时间内，小王连续创下销售部的业绩纪录，这让小王更加飘飘然。于是，他工作不再像以前那样用心了，处处懒散。工作业绩也在之后的几个月内直线下滑。

这个时候，销售部新来了一个员工小李。刚刚进入销售部，小李的业绩便显出咄咄逼人的态势，直追小王。小王顿时产生出危机感。为了保住自己在公司的位子，小王恢复了往日的工作状态，工作业绩呈现回升的态势。而小李为了超越小王，也在奋起直追。两人在这样的竞争当中不断地提升自己，不断地刷新着公司的销售纪录。

中国有句话叫作“生于忧患，死于安乐”。在企业管理中，它表达的意思是，没有竞争的环境只会让员工堕化，失去进取心。作为企业领导者，除了为下属建立展现能力的舞台外，还要在企业当中引入竞争机制，以此激起员工的好胜心，让他们以饱满的热情为自己、为企业的发展做贡献。引入竞争机制，还可以让企业当中那些“刺儿头”产生危机感，还可以给员工带来新的挑战，让他们在新的环境当中成长。

查尔斯·施瓦斯是美国一位著名的企业家，他下属的一家分公司总是完不成指定的业绩额。而这个分公司的经理也用尽了一切办法，包括斥责、劝说、以解雇相要挟等，均无济于事。没办法，施瓦斯只得亲自到分公司去处理。

施瓦斯在该分公司巡视的时候，正好赶上白班夜班交接。于是，施瓦斯问一位白班工人：“你们今天炼了几炉钢？”那名员工老老实实地回答：“一共完成了5炉。”施瓦斯听了这话之后，什么都没说，拿起笔在公司的布告栏上写下了一个“5”字。

等值夜班的工人上班的时候，看到布告栏上的“5”字，都觉得很奇怪，其中一个工人到门卫那里问了一下这个“5”字的由来。当明白了事情的原委之后，值夜班的工人就在第二天下班的时候在布告栏上写下了一个“6”字。再次上白班的工人看到这个“6”字，心想：比我们多一炉就了不起了？于是上白班的工人们齐心合力，下班的时候在布告栏上写下了一个“8”。

就这样，施瓦斯只写了一个“5”字，就成功地挑起了员工们之间的竞争。过了一段时间，这家分公司的最高日产量竟然高达16炉，是原来的三倍还要多，很快就超过了其他分公司。

如果自己的企业只是一潭平静的死水，作为领导者，就应该在当中引入新的水流，让这潭平静的死水不再平静。为此，企业领导者必须为员工提供各种各样的竞争条件，创造竞争的平台，给予每个员工公平竞争的机会。这些机会包括给员工发展的空间、机遇，还有将功补过的机会，等等。让下属处于他人的压力之下，才能让整个企业活跃起来，进而发挥出更高的生产力和创造力。

但凡事要有个度，如果竞争超过了一定的范畴，就不再是良性的竞争。企业领导者在引入竞争机制的同时，要注意以下三项原则：

第一，机会均等。竞争面前人人平等，而且在提供竞争的条件方面也要人人平等。这些条件包括物质条件和选择权利等等。

第二，因事设人。在企业员工当中，由于受到事业发展的约束，因此竞争机会只能根据事业的发展需要而设定。领导者还应该为员工的进步发展铺平道路，让员工知道这种进步的方向是确定的，也就是团队事业的发展和成功。

第三，连续原则。是指给员工提供机会，不能是“定量供应”，也不应该是“平等供应”和“按期供应”，而是指在工作的过程当中不断地给予员工压力和机会，在完成了一个目标之后，接着有新的前进目标。换言之，就是能够给员工有足够的进步机会和发展条件。

企业竞争方式是多样性的，比如进行销售竞赛、服务竞赛等，或者组织员工对一些问题各自提出解决方式，看谁的办法是最好的。还有一些“隐藏式”的竞争方法，比如定期公布员工的工作成绩、定期评选先进分子，等等。至于采用什么样的方法，可根据企业的实际情况而定。

常言说:“生于忧患，死于安乐。”适当地在企业员工当中引入竞争机制，让下属时刻面临着一定的压力，时刻感受到危机感，就可以让他们时刻都保持着昂扬的斗志去面对企业“优胜劣汰”的法则。

008

[宽容员工的错误也是一种激励]

曾经有一个人访问了一家优秀的科技公司。当访问者和公司经理进行交流时，突然听到一阵阵的鸣笛声，访问者问经理："那是什么？"经理淡淡地回答说："那是我们工厂的汽笛长鸣声。"这位访问者很快又问道："你们公司总是在星期四下午鸣放汽笛声吗？"经理回答说："这倒不是，我们的鸣笛声是为了告诉每一个人，我们又一次实验失败了；但同时，对我们而言，听见鸣笛声就意味着我们离成功又近了一步。"

常言道："人有失手，马有失蹄。"一个人生活在这个世界上，犯错是在所难免的。是否宽容员工的失败，对于领导者而言代表着是否有宽广的胸襟，对于员工而言意味着领导者对自己是否信任。优秀的领导者不会对于失败耿耿于怀，而是以更加敞开的胸怀去面对失败，因为失败孕育着成功的希望。进而，他们也会以包容的心态接纳员工的失败，以信任和期许鼓励员工正视自己的失败，从中吸取经验教训。

小芳的第一份工作是旅游咨询，向客户推荐介绍相关旅游线路。因为刚接触这个行业，没有客户资源。来咨询的客户也寥寥无几。长时间不开单，让小芳焦虑不安。

一天，有位客户问了某景区的情况，让小芳做个报价发过去，如果价格合适，当天就签单。单子来了，小芳特别兴奋。连午饭都顾不上吃，做完报价就直接发给了客户。

不一会，客户就回话了，说要签单。就在准备合同的时候，小芳发现自己的报价算错了。客户出游的那几天正好赶上节日，节日期间的费用比平时要贵，小芳忽略了这个细节，少算了三千多元。

小芳支支吾吾的告诉客户价格不对，但客户坚持按原来的价格走，丝毫没有商量的余地。小芳思前想后，小心翼翼的把这事告诉了经理。

出乎小芳预料，经理没有责骂她，也没有让她出钱补中间的差价，而是宽慰她说刚上班难免出错，让小芳别紧张，他会亲自和客户沟通。最后的结果是，公司按最初的报价给客户，中间的差价由公司出钱补，客户按原计划出游。

事后，经理叮嘱小芳，说以后做报价的时候一定要仔细点，多检查几遍，不要再出现类似的错误了。最后还给小芳加油，让她好好干。

小芳对经理万分感激。之后的工作，小芳也是以更认真努力的态度和更优异的业绩回报经理和公司。

工作更加认真努力了，现在她每个月的业绩稳居公司前三。旅游行业流失率高，圆圆却一直没挪过窝，在公司已经干了快四年了。她感恩公司对她的培养和宽容，是公司给予了她现在的一切。

对员工来说，领导在其失败时伸出的援手，比在他们成功时给的掌声更容易让人感动。给予员工关怀和宽容，是最具性价比的激励方式。在员工犯下错误时，组织以宽容之心原谅员工的过失，并继续给予机会，将会赢得员工的忠心和努力。

当今社会，各项工作节奏加快、要求严格，出现错误在所难免。对于员工在工作当中出现的错误，领导者不应该对下属大发雷霆、横加指责。这样做，对企业不会有任何积极的效果，反而会造成不利的影响，甚至会因此失去一个优秀的员工。领导者要在客观面对已发生错误的前提下，对员工予以勉励，积极寻求更加有效的改进方法。

此外，还应该以长远的眼光来看待曾经犯过错误的员工，不能因为一时犯下的错误就对他全盘否定，甚至将其定义为一个没有任何用处的人，这样对员工来说是有失公允的。可以的话，给他/她一次机会，或许就可以改变当前的困境。这样的“雪中送炭”可能对一个人的一生都是一种极佳的激励。

009

[身先士卒，激励困境中的人心]

在艾劳战役中，由于法国和俄国两军实力相当，所以双方打得十分激烈，一时之间难分胜负。为了尽快取得胜利，拿破仑亲自率领了一支步兵作战。面对炮弹和被炸得乱飞的树枝、石块，拿破仑没有一丝退缩。他冒着生命危险，在战场上奋战了几个小时。他的这种身先士卒的做法，使士兵们更加奋力作战，最终法国取得了胜利。

在古典小说和影视剧中都能看到，古人作战，将领一般会站在后面指挥，但拿破仑在和敌军交战的时候，是亲自率领步兵上前阵。正是这种英勇无畏的气概，无形中提升了士兵的战斗力。

有一部电视剧叫作《亮剑》，给观众留下了很深的印象。剧中的主人公——独立团团长李云龙，每次上阵杀敌的时候都会冲在最前面，战友们为此很担忧。但是李云龙却回答道："如果我不冲锋在前，那么战士们又有谁会勇猛作战呢？"是啊，如果将军都没有作战的激情，又有何底气去要求士兵奋勇杀敌呢？

色诺芬是古希腊著名的思想家。26岁的时候，他作为希腊将军带兵打仗。在一次作战当中，他被波斯人打败，只好退兵。谁料，这时候他前面有体型彪悍的土著人堵住去路，后面有波斯人的追击。要想摆脱眼前的困境，只有快速地占领面前的制高点，凭险据守。

当时，色诺芬坐在马上，大声地鼓励他的部队："将士们，你们现在是为全希腊而战，是为了你们的妻儿姐妹而战，加倍地努力一些，到了前面，我们就可以摆脱眼前的困境了！"一个士兵站出来说道："色诺芬将军，我们不在同一个水平，你骑在马背上，而我们却拿着盾牌行军，早就疲惫不堪了！"

色诺芬这个时候完全可以以将军的权力狠狠地处理这个敢于顶撞自己的士兵。但是，他没有这么做，而是立即从马上跳下来，与士兵一样端着盾牌徒步前行。看到将军如此身先士卒，整个部队士气高昂，终于先敌一步，占据了制高点。

在企业管理当中，身先士卒是领导者成功的重要因素之一。就像上述例子中的色诺芬，因为他身先士卒，最终鼓舞了士兵们。对于企业领导者来说也是一样，身先士卒同样可以起到鼓舞员工士气的作用；特别是在企业陷入困境的时候，如果领导者能够站在阵前，往往可以激励员工，进而打开成功的大门。

第六章

授权：充分信任，完善监督

事必躬亲，总会累坏自己；善于用人，方为管理之道。一个人的精力总是有限的，想要用有限的精力做出无限的业绩，就需要有人在身边辅佐和帮助。所以，那些精于管理的领导者无不深谙授权之道，他们大胆地任用自己的下属，适时地将权力下放。

001

[领导者要懂得权力下放]

美国著名的管理顾问比尔·翁肯曾提出过一个十分有趣的理论——“背上的猴子”。在他的理论中，“猴子”指的是企业中各成员的职责，而“背”则是领导者的职责。当员工进入企业后，领导者按照下属的职责分配给他们不同的“猴子”。员工的职责就是喂养自己的“猴子”，当然这也是他们的权力。

显而易见的是，如果员工能够出色地胜任自己的职责，“猴子”健康，企业自然成功；反之，如果员工不能很好地胜任自己的职责，“猴子”不健康，则企业问题多多。“猴子”的健康与否直接操纵在企业员工的手中。

问题是，当一些企业领导者看到一些“猴子”生了病，即这些员工无法胜任手中工作的时候，这些领导者们就开始动摇了。他们担心员工“照顾”不好这些“猴子”，于是就迫不及待地将其接了过来，亲自喂养，他们觉得这样才是最保险的，可以让“猴子”尽快康复。却不知道如此的做法恰恰是犯了企业领导者用人的大忌：不把权力下放给下属，自己肩上的担子就越来越重，“猴子”会越来越脆弱，员工也失去了成长的机会。

领导者最大的资本是什么？当然是权力。有了权力，领导者才能实施有效的管理。但是，有很多的企业领导者却并不善于运用手中的权力，把自己的权力看得太重，什么事都不放心，都要亲自过问才行。这种管理方法导致的直接后果是领导者成了最忙最累的人，但是管理的效果往往不好，是典型的出力不讨好。

一个人再有智慧，如若不懂得放权，企业也无法长久。所谓放权，就是把权力的重心下移。懂得放权，就是懂得用人。

在松下电器公司的发展历史上，也曾出现过短期的局部失控现象。虽然在当时及时扭转了局面，可是也给松下留下了极为深刻的教训。

松下电器在那段时间里发展得极为迅速，当发展到1400多名员工的时候，公司总部采取的策略是把工厂的日常管理交给得力的人去负责。因为工厂没有相对独立，领导者没有太大的权力，事事都得向松下总部的领导汇报。

权力没有下放，工厂的领导无权可施，导致责权不明，问题出了一大堆。

松下高层开始反思并寻找原因：虽然各工厂都很尽力，但走一样的路，未必会得到一样的效果。可是各工厂的待遇却是一样的，这不公平。没有充分的权力，优秀的人才发挥不了最大的功效，而平庸的人也仍然混迹其中。如此，懒惰、不思进取的陋习开始泛滥，直接导致工厂效益下滑。

松下总裁得出的结论是用人，就是把权力下放给部下，给他们充分的信任，一定要责权对等、相对独立，这样才会让优秀的人才充分地发挥他们的能力，使他们带领企业快速发展。

松下电器公司是日本最大的家用电器生产商之一，其子公司遍布全世界，素有“松下电器王国”之称。松下电器公司之所以能在后来取得如此显赫的成绩，与其独到的权力下放体制是分不开的。

美国著名的管理咨询专家艾德·布利斯有一句名言：“一位好的领导总是有一副忧烦的面孔——在他的助手脸上。”布利斯这句话的意思是说，好的经理懂得向助手或下属授权，充分地调动他们的主观能动性去完成各项工作任务，而不是自己大包大揽，结果使自己疲惫不堪、效率低下。给部下授权，给其一个腾飞的空间，领导者就会有更多的时间和精力去做宏观调控，员工们也可以依托企业充分成长，共同带动企业向前快速发展。

002

[别让下属过分依赖]

天空中盘旋着几只老鹰，小鸽子们看了很是害怕，不敢出去练习飞行。于是，它们向护院的大狗求助。大狗抬头看了看空中的老鹰，很神气地对小鸽子们说：“不怕，有我呢，它们不敢下来，你们只要安心待在鸽舍里就行。”小鸽子们听了很是开心，把练习飞行的事抛在了脑后，快乐地在鸽舍里做起了游戏。

很快，它们长大了，一个个雄赳赳、气昂昂，长得很壮实。

一天，主人带着护院大狗到野外打猎。那几只老鹰看准了空子，猛然从天空中冲了下来。小鸽子们被老鹰这一突然袭击吓呆了，等回过神来，便开始拼命地四处逃窜。这个时候，它们忽然发现一个很大的问题：它们根本就飞不快。结果可想而知，它们都成了老鹰的午餐。

依赖别人，即放弃对自我的主宰，这是一个很严重的问题，如此往往不能形成自己独立的人格。过分依赖别人，很容易失去自我，当遇到问题时，自己不去思考，往往人云亦云，随声附和，很容易产生从众心理。过分依赖别人的心理主要表现为缺乏自信心，总觉得自己能力不足，难以胜任一项任务，甘愿置身于从属地位，跟在别人后面行事。

其实，生活中依赖现象随处可见。小孩子依赖性强，事事依赖父母，因为他们没有独立生存的能力，对一切都处于懵懂状态，父母在他们心目中无所不能。这是人在发展过程中的正常心理状态。还有一些成人依赖性强，是因为他们没有自信心，会对生活、工作感到茫然和不知所措，极度缺乏安全感。在工作中，他们会因此而过分依赖别人。

在企业管理中，领导者可以给下属提供一定的保护。当下属们还太弱小，不能独自“披甲上阵”的时候，需要领导者给予适当的保护。但这种保护只要把握好尺度，保护不到位，他们有可能在企业发展竞争中被淘汰；如果过度保护，就会容易使他们变成依赖性太强的“小鸽子”，成为永远也长不大的弱者。

小张大学专业是电气自动化，找工作的时候，她凭借自己的文艺特长和在学校社团的经历，很轻松地应聘到了一家大型外贸公司经理秘书的职位。这家公司给她的福利和各方面的待遇都很不错，她也暗自感到庆幸。

因为有了这种想法，小张很珍惜这个来之不易的机会。她努力地工作，总是尽量把自己分内的事做到最好。但是，很快她却发现，在自己的周围，优秀的同事比比皆是。她的心开始动摇起来，固执地认为，自己在各方面都不如别的同事，随时都有可能被淘汰掉。她的自信心受挫，刚到公司时的那股拼劲儿荡然无存，终日处在一种朝不保夕的惶恐之中。

在工作中，经理对她不错，什么事都留心照顾。她觉得经理很赏识自己，并开始幻想，只要能紧紧依靠着这棵“大树”，别的都不重要。只要听话，经理会给自己创造一个好的发展机会的。

从这以后，她在工作的时候不再积极主动，什么事都依赖经理，等着经理给自己安排任务，等着经理告诉自己处理的方法。她觉得只要听从经理的安排，按照经理的话去做，就是最好的工作态度，经理就会喜欢。她深信唯有如此，自己才能紧紧抓住这份工作。

可事实上真是如此吗?

好景不长，经理突然跳槽去了另外一家公司，走的时候还“语重心长”地对小张说:“你是个很不错的年轻人，相信在我手下的工作经历，一定可以让你胜任很多重要的工作，好好干。”小张觉得这很像是一个玩笑，在这一刻她才发现，在上司手下做事的时候，她把上司当成了自己全部的依靠，居然没有学会一点儿独立工作的经验。

她知道，以她这样的工作能力，还只是一只不太会飞的小鸽子。

领导者是下属们的主心骨。一些企业员工初到一家公司的时候，很容易把自己的领导者当作是前辈。这本来也无可厚非，但问题就在于他们会把领导者当作是自己在这家公司扎根的全部依靠——过分依赖领导者。这个时候，就需要领导者来把握这个度了。

下属可以依赖领导者，领导者教他们技能、给他们方法、指明路的方向，让他们不至于如同瞎子摸路一样摸索着成长，而是快速而稳健地前进。但是，别让他们产生过度依赖心理。过度依赖表现为：无论大事小事、难事易事都看领导者的眼色行事，自己不再思考，没有一点儿主心骨；领导者在岗位上，他们会做，但领导者不在岗位上，他们就不会做了。当领导者发现自己的工作越来越繁重琐碎，所有决策都是由自己提供思路时，就需要反思，是否下属已经丧失主动性，过分依赖自己。这时，你需要将权力下放，让他们独立工作，否则员工能力不断退化，企业将蒙受极大的损失。

003

[要授之以全，切勿半授不授]

战国时，魏国的国君魏文侯打算发兵征讨中山国，有人向他推荐一位叫乐羊的人，说他文武双全，一定能攻下中山国。可是有人又说，乐羊的儿子乐舒如今正在中山国做大官，怕乐羊有顾虑，不肯全力进攻。后来，魏文侯了解到，乐羊曾经拒绝过儿子奉中山国君之命发出的邀请，还劝儿子不要追随荒淫无道的中山国君，文侯于是决定重用乐羊，派他带兵去攻打中山国。乐羊带兵一直攻到中山国的都城，然后就按兵不动，只围不攻。

几个月过去了，乐羊还是没有发动进攻，魏国的大臣们都议论纷纷，可是魏文侯不听他们的，并不断地派人去慰劳乐羊。一个月后，乐羊发动攻势，终于攻下了中山国的都城。魏文侯亲自为乐羊接风洗尘，宴会结束之后，魏文侯送给乐羊一只箱子，让他拿回家再打开。乐羊回家后打开箱子一看，里面全是自己攻打中山国时大臣们诽谤自己的奏章。

放权是正确的用人之道，一方面可以让领导者的才能得到充分的发挥，更好地维护企业的运作；另一方面，可以锻炼下属的能力，为企业培养出优秀的高素质人才。当然，从领导者自身的角度来说，这样做也可以使领导者的工作更加轻松。

但这些放权的益处，归根结底要集中到一点，那就是授权的前提——信任。古人云“用人不疑，疑人不用”，领导者必须要信任自己的下属，尤其是对其放权的下属。只有这样，下属才能放开手脚地用心做事。就像上述故事中，如果魏文侯听信了别人的话，对乐羊处处掣肘，那么不但自己托付的大事无法完成，而且双方的关系也无法维持下去。可见，既然授权，就要授之以全。

有些领导者担心员工能力不够，怕给他们太大的权力会把事情办砸了；有些领导者不愿意分散自己手中的权力，只有大权在握自己才放心。无论是上述哪一种情形，领导者都会分身乏术，于是他们采取了一种折中的办法——放权给下属，但是授权的时候又半授不授，权力绳索的一头还是要牢牢掌握在自己的手中，自认为这样可二者兼顾！

但是，事实并非如此。

诸葛亮是老百姓最为推崇的智者，可谓是一代英杰，空城计、赤壁之战等战例为世人广为传颂。这样的人如果放在现代，定然也是一位传奇人物。但是一些学者却认为，如果诸葛亮奔波在现代的职场当中，他只能是一位机智百出的专业型人才，而非一个成功的企业领导者。原因很简单，他不能很好地处理对下属的授权问题。

诸葛亮为蜀汉“鞠躬尽瘁，死而后已”人人皆知，他处理国家大事，日理万机，事必躬亲。虽然最后精力有限，他也肯授权给人，把自己的很多治国方略和经验传授给了姜维，让其可以为自己分担，但他始终放心不下，授权的时候“半授不授”，致使姜维始终不能放开手脚大干一场。

最终的结果我们都知道，诸葛亮死后，蜀汉被魏国所灭，令人唏嘘不已。

很明显，领导者授权的时候“半授不授”，看似可以二者兼顾，实则是一种错误的管理方式。在这种状况下，下属在工作中的积极性、主动性、创造性都受到了不同程度的限制。他们会觉得自己手中有权力，想把事情做到最好，但做的时候又非常沮丧地发现，权力的重心原来不在自己这边，自己根本就没有足够的权力来处理这件事情。

如此一来，他们办事的信心就会大打折扣，到头来怕是不仅不能“二者兼顾”，反而还会在很大程度上影响企业的发展。由此我们得出一个结论：授权时要切记不可以“半授不授”。

004

[无为而治，让管理更加高明]

《庄子》中有一段老子与阳子臣的对话，译成白话是这样的：

阳子臣：“假如一个人非常勤奋，而且还具有果断的行动力与敏锐深入的洞察力，那么这个人可以做一个称职的官员了吧？”

老子：“不可以。如果一定要用官员来说明，那么这个人只能做一个小官。他虽然有才，但是也会被自己的才能所累，使自己很累却又管理不好下属。这就像是虎豹因为身上有美丽的斑纹而招致猎人的捕杀，猎狗擅长捕猎而被人拴上绳子。有时候，这样的优点反而会束缚住人们的手脚。”

阳子臣：“那么您能告诉我好的官员是什么样子的吗？”

老子：“好的官员可以让众人都知道他的好，但这些好却又与他无关。他帮助周围的人，使人们成长，但别人却丝毫感觉不到他的帮助。他通过自己合理而有效的管理制度，潜移默化地影响周围的人。”

上述即为老子所提倡的“无为而治”。无为而治并非是让领导者在管理上不作为，而是要提高个人的修养，预先做出计划。虽然给下属们权力，却不放纵他们滥用权力，要仔细斟酌不能听之任之，一切都要做到成竹在胸，否则，会加重下属的负担。

有一天下午，一家玩具公司的总经理经过公司人力资源部办公室的时候，发现大门敞开。出于习惯，他在经过门口的时候向里面瞄了一眼，这一看让他勃然大怒。

办公室里，人事经理小王正坐在椅子上跷着二郎腿闭目养神。他面前的桌子除一部电话及一支笔外，空无一物。这个时候正是上班时间，看到下属如此，总经理焉有不怒之理？他满脸不悦地走进了人力资源部的办公室。

“喂，醒醒！”总经理的嗓门很大。“你在做什么？是在工作吗？”他很生气，想要看看这位上班时间偷懒的人事经理会做何回答。

出乎意料的是，小王并没有出现他预料之中的慌乱和不知所措，而是笑着站起来，轻描淡写地回了一句："我在管理我的手下呀。"

"笑话！"总经理冷哼一声，"是在梦中管理吧？"

小王继续微笑解释着："是这样的，有个同事建议我引进一套心理测验设备来诊断所有新员工的心理状态，我觉得这个方法不错，正在考虑要不要采纳。"

"这个建议倒真是不错，可是除此之外呢？难道你除了考虑这件事情之外，不需要进行别的工作了吗？你都在忙些什么？为什么你的桌子上什么也没有？一份文件，甚至连张纸片也没有？"总经理的声音更高了。

"总经理，我的手下不是那些建筑工地的民工，也不是那些只会抄抄写写的菜鸟，他们都有很强的工作能力。我给他们的权力是除了例行业务之外，都可以在权力范围之内自行决定一些事务。老实说，我是让他们分担了自己肩上的担子。当然，在每天上班之后，我做的第一件事就是排出当天工作的轻重次序表，然后授权，去交给下属处理。我给了他们权力，也相信他们有能力处理好那些事情。而我自己，则主要思考和决策。"

总经理心中一动，似乎已经明白了小王的管理方法。

"可是，我还有一点不明白，你这么信任你的下属，如此放任他们去处理事情，他们一旦遇到难题解决不了怎么办？又来找谁解决？”

小王又笑了：“自然是来找我。我给下属们自行解决难题的机会，相信遇到过一次之后，下次再遇到同类型的难题，他们就会独立解决了。”

懂得无为而治的领导者要随时留心下属的动向，及时发现下属在自身权力范围内出现的问题并给予帮助。无为而治的领导者要懂得分离职权，为下属创造一个宽松而又充满活力的工作环境。看似无为，其实很有为，这才是高明的管理艺术。

005

[大权握在手中，小权分给部下]

有位领导觉得自己是个很开明的人，所以他每次向下属交代任务时总是会说：“这项工作就全拜托你了，你看着办，不必向我请示，有了结果告诉我一声就可以了。”

这位领导好不好？当然好！他很信任自己的下属，把权力完全下放给自己信得过的人，并相信他们一定可以很好地完成工作。可以说，他的下属在他的领导下应该能完全放开地工作，不会有拘束感，可以完全按照自己的意思去工作。

然而，下属难免会有这样的想法：领导要的只是结果？而且看他的意思，这项工作并不怎么重要，否则他怎么一点儿也不紧张？我尽量做好就是，至于最后做不好也没什么太大的关系，领导原本就不太重视嘛！

如此一来，我们可以试想一下，这项工作还能做得好吗？很难！

上述案例告诉我们这样一个道理：不负责任地放权，不仅不能完善管理工作的职能，激发下属的创造性和积极性，反而会影响工作的质量和效率，给企业造成损失。

合理地授权对于企业的发展起着至关重要的作用。这就如同是一座大水坝的闸门，不开闸泄洪，洪水流不出去就会把整个水坝冲垮；但是如果总是大开闸门，那么水坝将会失去它应有的作用。企业领导者就是企业的闸门，在放权的时候必须要慎之又慎。放权处理得好，可以为企业培养出一批又一批有能力的管理者，推动企业快速发展；但是，如果放权处理得不好，就有可能是乱授职权，其后果和不予授权一样严重，会给公司造成难以弥补的损失。

春秋时期，齐桓公得到了管仲的辅佐，使得齐国实力越来越强，管仲也因此成为齐桓公的宠臣，更是被尊称为“仲父”。齐桓公觉得，管仲应该被赋予更大的权力，于是就向各位大臣说道：“管仲的才能你们都看到了，我打算给予他更大的权力，赞成的话就站在寡人的左边，不赞成的话就站在寡人的右边。”

所有的大臣都做出了选择，只有大臣东郭牙站在中间。齐桓公觉得很奇怪，于是询问原因，东郭牙说道：“大王觉得管仲可以靠着他的智慧平定天下吗？”

齐桓公回：“当然可以。”

东郭牙继续问道：“那管仲具备成大事的决断能力吗？”

齐桓公想都没想就点头了。

东郭牙最后问道：“既然大王认为他有平定天下和决断大事的能力，那还不断地去扩大他的权力，难道您不认为他是一个危险的人物吗？”

齐桓公听闻此言，沉默了。

授权是指掌权者将自己的一部分权力转移给自己的下属，让下属替代自己行使。但授权不是盲目的，更不是无限制的。上述例子中，如果齐桓公没有听从东郭牙的劝阻，把国家权力毫无顾忌地下放给管仲，那么管仲的权力势必会牵动齐国上上下下，甚至让齐桓公变得无足轻重。在企业内也有类似的情况，联想前执行董事就因为给予下属太大的权力，导致下属私欲膨胀，企业内部出现拉帮结派的现象，给企业管理带来弊端。

所以，领导者要明白：权力要放，但是下放的权力要控制在一定范围内，大权一定要紧握在自己手中。

还是以本节开头的案例为例。那位领导信任自己的下属，这一点非常可取。但是，他可以换一种方式来交代任务，把这项工作的生产计划交给下属，并明确告诉下属：这项工作由你来全权负责生产计划的实施。人员的调配、原料的供给以及机器的使用全部由你来安排。但是，你要定期向我汇报工作的进度以及工作中遇到的各种问题。遇到棘手的问题要尽快通知我，并在我的授意下处理。如果是你力所能及的问题，你自行解决就行了。总之，我要最好的结果。

这样一来，下属手中有了权力，可以尽情发挥，但大权还在你的手中，你仍然可以把控整体局面，工作方向稍微有些偏差，你就可以尽早发现，自然可以取得好的结果。

作为领导者，你要学会“因事择人，视能授权”，以被授权者的能力大小作为依据，力求选出最适合这项工作的人。当你完成授权任务时，你会发现被授权者因为接到这项工作的处理权而处于一种兴奋状态，那么授权任务最重要的部分已经完成。但是，你仍然需要保持谨慎。放权，并不是说你可以把连带决策权等一股脑儿地交给下属，而你自己则品茶赏月，清闲自在。领导者可以把目标、职务、权力和责任四位一体分派给自己的下属，但是在大权方面你不能下放，应该牢牢握在自己手中。这些大权，包括涉及全局性的问题，组织决定的目标、方向和重大政策等，都不可轻易授出。

一支军队必定只有一位统帅掌握军政大权，他可以把小权分派给自己的部将，但大权一定握在手中。试想一下，如果统帅把军政大权都全权交给了下属，将会出现一种什么样的局面？只怕是仗还没有打，整个军队就已经全乱了！但是反过来呢？统帅者只要把大权紧握在自己手中，就不怕把小权分给下属。有统帅坐镇军中，何愁大事不成？

006

[信任不等于放任，加强监督机制]

谈起史料里有名的宦官，秦朝赵高是第一人。他和李斯一起伪造了秦始皇的诏书，逼死了秦始皇的长子扶苏，另立始皇幼子胡亥为帝。因为功劳甚大，所以秦二世胡亥对其极为信任。胡亥相信赵高，所以授予了赵高极大的权力，任命其为丞相。

但是胡亥错了，赵高这个时候虽然没有加害于他，但由于他对赵高过分信任，使赵高得以独揽朝政大权，结党营私、滥征徭役、横征暴敛。他对赵高从信任变成放纵，终于造成了民怨四起、民心尽失的局面。但即使到了这个时候，胡亥还是一味地放纵赵高，他仍然觉得赵高是自己的心腹，是值得信任之人。

最终，胡亥命丧于赵高之手，而一统天下的大秦王朝也最终覆灭。

信任不等于放任。领导者可以相信自己的下属，并对他们

委以重任；但是在原则问题上，在对企业的整体利益上，领导者一定不能失度，不能碍于信任关系，对其不管不问、不加管控。否则将会导致公司陷入严重危机。

企业领导者应该明白，授权给下属不等于放任自流。那么该如何保证授权发挥积极的一面呢？答案就是监控，领导者应该建立科学的监控方法，并且不断地完善管理体制。对于那些因为权力过甚而放纵的下属，绝对不能姑息，而要采取措施，果断处理。

高尔文是摩托罗拉创办人的孙子，他的性格温和、待人宽厚，在下属心中印象极好，同时也是下属们公认的好领导。

1997年，高尔文担任了摩托罗拉的总裁。那时候，高尔文的管理理念是：作为一个企业的高级主管，想要看到下属们发展，就决不能束缚他们的手脚，要给予他们充分的权力，让他们无后顾之忧，大胆地去做，大胆地去尝试。

但是，市场是残酷的。自2000年以来，摩托罗拉的市场占有率、股票市值、公司获利都直线下降，摩托罗拉在手机产业的占有率只有13%。作为曾经的手机行业龙头老大，现在的业绩下滑得让人惊讶。美国《商业周刊》给高尔文的领导能力进行综合打分，分数低得可怜。

高尔文对下属实行充分授权的措施是积极的，但是他的错误之处就在于没有对下属的权力进行科学监控。除此之外，高尔文放手尺度太大，没有及时掌握公司的财政状况。对于企业高层主管一周一次的会议，他改为了一月一次；给下属的电子邮件中，大都讲的是如何平衡工作和生活，没有关注企业财政和销售额的问题。

高尔文有时候虽然发现下属的做法不对，但也不愿意去干涉，处处为下属的面子着想，给予了下属太多的权力，导致下属越来越放纵。

曾经，摩托罗拉准备推出一款叫作“鲨鱼”的手机以进军欧洲市场。在讨论“鲨鱼”手机的会议上，高尔文了解到欧洲人喜欢轻巧、简单的机型，而“鲨鱼”手机与其他手机相比机型过于笨重。但高尔文只问高层员工：“市场调研结果真的支持这个项目吗？”销售主管说道：“是。”之后，高尔文没有进一步地讨论，就让经理人推出了“鲨鱼”手机，结果“鲨鱼”手机在欧洲的市场上昙花一现。

直到2001年初，高尔文才意识到问题的严重性，如果再继续放任下属权力，很有可能会让摩托罗拉面临厄运，于是高尔文开除了首席运营官，对内部进行调整，命令六个事业部门以后所有的问题都得向他报告，他也开始每周和企业的高层开会。高尔文对“授权”加强了防范和监控，终于见到了一些成效。

高尔文初任总裁时，给下属充分授权，放手让下属去做事，却对下属权力缺乏必要的监控措施，导致企业付出了惨重的代价。这也为其他领导者敲响了警钟。

企业需要建立可量化的管理控制机制来保证员工的工作进度和状态。同时，领导者要起到监督者的作用，比如及时与下属沟通交流，定期留意下属的工作状态，询问工作进度；眼观大局，防犯整体工作中易出现疏漏的环节，在下属没有觉察的情况下多对他们进行提示指点；同时，领导者要注意和下属以诚相待，哪里出现问题了，要尽心尽力帮助他们解决，充分赢得下属的信赖。

总之，信任是相互的，倘若领导者的信任被滥用，那么信任必然要收回。滥用信任的行为是不能姑息的。

007

[不要把越级管理当成无所谓]

一位职业经理人很是苦恼，他在企业担任副总经理职务，但是多年过去了，他一直没有获得实质性的进步。他的工作非常轻松，没有什么锻炼的机会。原因就是他的总经理经常越级管理，把原本应该是他分管的工作直接安排给了他的下级。如此一来，下级汇报工作的时候也不再找他，而是直接找总经理汇报去了。为此，这位副总经理开始萌生退意。

现代企业都有一定的管理层级，正常的管理需要领导者在下达命令时按照管理层级逐级进行。但是，在实际的管理过程中，许多领导者却喜欢越级管理，越级指挥，对部下的部下指指点点，还美其名曰：提高管理效率。殊不知，这样做会给企业造成极大的混乱，可以总结为以下几个弊端：

第一，领导者经常越级管理，会使下级失去锻炼机会，难以快速成长。

第二，容易造成团队管理意识的混乱。正常情况下，企业的领导者都是直接传达指令给下级。然而，如果多次出现直接上司还没有传达指令，但是上司的上司的指令却越级传过来了，如果你是员工，你会怎么想？你肯定会有一阵子惊愕：这是怎么回事？怎么头儿不给我们安排任务了？

你的惊愕可能会持续一阵子，然后会忽然转过弯来：是不是头儿要辞职了？所以上面就不再让他传达指令？或者，是不是他犯了什么错，上面不再重视他了？

如此一来，直接上司在员工面前还会有威信吗？一旦领导者在下属面前失去了威信，那么他以后很难再顺利下达工作指令。下属们会对领导者的指令质疑、评头论足、迟疑执行，更有甚者会产生对抗情绪。如此这般，他 / 她的工作将很难再进行下去。

第三，破坏原有的工作秩序。这很容易理解，也许领导者越级指挥的时候，他的下级领导并不知情，还在按着自己原来的计划进行管理。两种不同的管理方案同时下达给一个团队，如此一来，这个团队的成员会有一个疑惑：到底该听谁的好呢？

许多领导者对于上级的越级管理很是反感，但又无可奈何，于是就会产生消极怠工的心态，并以此来进行无言的对抗。长此下去，企业的管理只能是越来越乱。

有一天，狮王的肚子饿了，就想找个下属给自己抓只野山羊回来。平常，这种事都是副手负责，不过正巧这会儿副手不在跟前，于是它心血来潮，独自走到一个强壮的年轻狮子跟前，对它说："孩子，我肚子饿了，快去给我抓只野山羊回来，我会为你加油的。"

年轻的狮子看了狮王一眼，想说什么却又没有说，低头跑了出去。

半天过去了，年轻的狮子还没有回来，狮王等得有些着急了，就开口询问副手。

副手也是一只成年的雄狮，它听了狮王的话后，长叹了一声，说道："陛下，给您打猎的那只狮子可能是回不来了。它前几天被野山羊的角给刺伤了，伤口刚刚愈合。我原来是想让它多休息几天的，可是……它不能违背您的指令，这个时候的它很难斗得过野山羊。"

果然，那只年轻的狮子再也没有回来。

不要越级对部下的部下指指点点，有的时候，这样做不但得不到你想要的结果，反而可能会付出惨重的代价。领导者应当谨记越级管理的危害。

008

[让员工懂得权责相应]

小张是公司销售部的员工，他做销售这一行多年，工作经验十分丰富。可是人有失手、马有失蹄，小张因为一时的疏忽，将去年年底的压货当成了新货发给了客户。

这次失误让公司的信誉大打折扣，买家们纷纷要求退货。面对这样的危局，公司的刘总经理决定主动将责任揽到自己身上。但是，在公司的例会上，还没待刘总经理开口，小张就主动站了起来，承担了这个责任。

刘总经理听后，没有责怪小张的失误，反而对小张敢于承担责任的态度表示赞赏，他的公司需要的就是这样对自己的职权负责的员工。

权力与责任是相互对等的。拥有权力，也就意味着要承担相应的责任。世界上不存在只享受权力却不承担责任和义务的事情。企业领导者在进行授权时，也等同于要求受权者要承担相应的责任和义务，因此受权者在行使权力的同时也应承担起相应的责任。

现如今，企业需要的就是能够对自己的权力负责的员工。这既需要员工自身的努力，也需要企业领导者予以相应的引导。企业需要建立健全的授权制度，让每个员工都有自己的工作职权，同时也要让每一个被授权的员工明确自己的工作责任，为自己的权力负责。

具体来说，领导者可以从以下几个方面加以注意：

第一，对于被授权员工表示充分的信任。

一天，一家公司的行销总监走进了两个年轻的行销员的办公室，对他们说："我们公司准备创建一本杂志，成立一个'用户联合会'，你们两个根据自己的能力说说看，自己适合负责哪一项工作？"两个年轻人相互望了一眼，根据自己的特长各选择了一项工作，于是总监就全权让他们两个负责自己选定的工作，将处理工作的权力给予了他们。

如今，两位年轻员工组建的"用户联合会"已经有了数万名会员，每一年都在世界各处举行年会，而他们公司发行的杂志也达到了13.5万多份。当问到为何能够成功时，两位年轻员工表示是因为总监对他们的信任，是他们有对自己权力负责的自觉性。

上述案例中，行销总监对下属大胆授权，并对他们充分信任，为公司赢得了实实在在的利益。让下属有一定的职权，在一定的范围内可以自主地处理各种问题，可以让下属知道自己身上承担着什么样的责任，进而让下属时刻保持着强烈的进取心。

第二，给予被授权员工高度的自主权。

一家公司的新员工从第一天进入企业开始就不需要整天对上司报告自己的工作，也不用整天看上司的眼色行事。在处理问题的过程中，他们有高度的自主权。但是，他们必须要为自己的工作负责。对整个企业来说，虽然基层员工也有很大的自主权，但是都不能不受公司管理部门的约束。

有一名研发员小王，他是在公司完成了股票公开发行之后进入公司的，并进入了公司的资源开发部。当时，团队一共3人，需要负责建立公司的一项核心前端产品。这项工作进行到6个月之后，团队增加到6个人，而新进公司的研发员们均有较强的研发能力。小王告诉那些新进的成员，在这里工作完全可以依靠自己的想法进行工作上的创新，不用担心来自上级的掣肘。在小王的带领下，团队的员工各自发挥自己的长处，终于高质量完成了公司交代的任务。

企业领导者给予下属充分权力，能够将下属身上的潜能激发出来，在相应的监控制度下，员工明白必须要对自己行使的权力负责。

授予下属处理问题的权力，也等同于在给下属施压，这与“恩威并施”是同样的道理。“施恩”是在告诉员工，这件事情完全由你负责，发生任何问题，你都有权处理；“施威”是在告诉员工，既然公司将这件事情完全交给你处理，你就要做好，要是办不好，就辜负了企业的期望，同时也要承担失败的责任。

第三，让团队每一个成员为他们做出的决策负责任。这就需要企业制定相关制度，使员工明白如果在他负责的工作上出现严重失误、造成企业重大损失时，要能接受相应的惩罚。

第四，分清楚授权与责任。企业的领导者应该让员工明白，上级对自己授权，是为了让员工更好地完成企业任务，而不是将承担责任的风险推给下属。很多的企业领导者总是想插手员工的工作，告诉员工应该做什么、怎么做，这样做只会扼杀员工的责任感和自信心，让员工在之后的工作中失去承担责任的积极性。

第七章

沟通：破除壁垒，化解矛盾

安东尼·罗宾曾说过："沟通是一门艺术，你不拥有这项基本技巧就不可能获得事业上的成功。"领导者是企业的带头人，也是团队内串联所有人的"黏合剂"，领导者在企业管理中进行有效的沟通与协调，对企业发展非常重要。没有充分的沟通，团队就会成为一盘散沙；没有有效的协调，企业这艘航船就会搁置于浅滩。

001

[主动搭建与员工沟通的桥梁]

办公室突然着火，经理对着刚刚走到门口的员工说：“快点儿，拿桶水来！”这位员工一边走一边想：水桶？公司哪儿有水桶？好久之后，他想起在不远处的食堂有一个水桶，然后打算先拿水桶，再到最近的水龙头打水，这样算下来会省去很多时间。但是，当他一回头发现，不得了了，领导的办公室怎么起了这么大的火？

原来，当经理发现火情之后，便马上指令刚走进门口的员工拿水桶灭火，员工并不知道经理原本的意图是什么，只知道执行拿水桶的命令。后来，员工抱怨道：“早知道要救火，附近就有灭火器，干嘛要跑老远去拿水桶呢？”

上述就是典型的沟通障碍的例子。这个例子表达了当沟通的双方没有有效地传达信息时，工作中会出现很多障碍，事情很难圆满地解决。

有句话说得好：“再好的想法、再有创意的建议、再完善的计划，离开了与员工的沟通都是无法实现的。”在现实中，工作中之所以出现诸多矛盾和问题，大部分的原因都是由于沟通不及时或者缺乏沟通导致的。所以，企业领导者要想管理好人和事，就不能做沉默型的领导者，他们必须和员工主动沟通，多多沟通，实现信息的有效共享。

沃尔玛集团的总部没在美国的阿肯色州本顿维尔市，公司内行政管理人员每个星期都要花费大部分的时间去世界各地的商店通报公司所有的业务情况，让所有的员工共同掌握沃尔玛集团的业务指标。在任何一个沃尔玛商店内，都定时公布该店的利润、进货、销售和减价的情况，并且不只是向管理人员公布，每个员工也会看到公布的信息。

沃尔玛集团的股东大会是美国最大的股东大会，每一次都会让尽可能多的商店总经理和员工参加，让他们看到公司的全貌，了解真正的沃尔玛。每次股东大会结束，山姆·沃尔顿都会和妻子邀请员工们到自己的家中举办野餐会。在野餐会上，山姆·沃尔顿会和员工们聊天，讨论公司现在的发展状况以及未来的走向。为了保持行业信息的通畅，沃尔玛高层为了收集员工的想法和意见，会带很多人去参加“沃尔玛公司联欢会”。

山姆·沃尔顿认为，这么做就是让员工们了解公司的业务和发展情况，共享公司信息，让员工们更好地完成自己的工作，同时这也是和员工们交流和联络感情的桥梁。沃尔玛正是通过信息共享和分担责任完成了与员工交流的需求，达到了公司管理的目的。

如果一个企业的上下沟通不好，很多有价值的信息都会被屏蔽，员工就很难把事情做好。沃尔玛企业主动创造与员工沟通的机会，搭建与员工沟通的桥梁，使得企业内部信息通畅，成员容易达成共识，这也为企业发展提供了有力的支持。所以，想要企业得到较好的发展，企业领导者要主动创造沟通的机会，让沟通不再有壁垒。

002

[耐心对待员工提出的抱怨]

小王是学校实验室的专业技术人员，在年度考评的时候，没有被评为“优秀”，心里很不服气，就向孙校长发牢骚：“一年 365 天，只要是工作日，无论刮风下雨，我都按时上班，为教师准备的实验从来没有出过差错，我管理的实验室都是一尘不染的，实验用品也都摆放得整整齐齐，为什么没有给我评优秀？”

孙校长没有生气，耐心地和小王解释说：“你说得都对，你是个尽职尽责的员工，按照学校的规定，你完全可以拿到全勤奖金和实验员的岗位津贴。”

小王听了就郁闷了：那为什么还不给自己评“优秀”呢？

孙校长继续说道：“但是，专业技术人员评优不只是看出勤和日常工作，还要看在经验和理论上是否有心得。被评上优秀的几位员工，在这方面都做得很好。如果来年你在这方面再努力一点儿，我认为你被评为优秀也是很有希望的。”

孙校长的一番话，让小王心服口服。

作为企业的领导者在面对员工的抱怨时，千万不能把它当做一桩小事，不能把抱怨视为幼稚和愚蠢的表现。一般来说，员工不会因为心存抱怨提出辞职，但是他们会因为无人倾听抱怨而选择辞职。所以，面对毫无道理的牢骚，领导者可以一笑置之；但是，当员工的抱怨反映地是他的心声时，领导者一定要耐心对待，认真倾听，帮助他们疏导情绪和解决问题。

作为企业领导者，需要如何处理员工的抱怨呢？

第一步，想要处理好抱怨，先接受抱怨者的心态。领导者和员工是站在两个不同的角度思考问题的，这也是很多领导者不能理解一点小事也能成为员工抱怨的原因。这时候就需要领导者换位思考，从员工的角度出发，接受员工抱怨的心态。如此，才能理解员工的处境，解决问题时才会更贴合抱怨者的需求。

第二步，抱怨的原因需要区分出来。员工抱怨的原因有两种：一种是常规性的抱怨，比如工资低、工作辛苦等，这一类抱怨并不激烈，只需要沟通就能缓解，同时这类抱怨是无法消除的。另一种是突发性抱怨，这是企业领导者必须重视的问题，这种抱怨来自企业制度变化和实发性事件，所以必须及时果断地解决处理。

第三步，给员工解释出现问题的客观原因。在企业中，产生抱怨的因素有很多。比如，员工喜欢抱怨领导者为什么总是分配给自己难的任务，抱怨工资少，等等。那么，企业领导者就得将内心的想法告诉员工。比如分配难的任务其实是想锻炼员工，让员工从中积累经验，学习更多的东西；而给予的工资少，是受公司财务状况所限，必须要有足够的资金保证企业能够运营，等等。

第四步，用平和的态度去化解抱怨。企业领导者的态度对员工影响甚大，对抱怨的员工，要用耐心去面对。当你对他人有耐心时，沟通才能更加坦诚与深入，进而制定准确的解决方案。

作为企业领导者，一定要有耐心。耐心能够使领导者和员工之间的关系更加和谐，能够使人与人的相处更加融洽，拿出自己的耐心，就相当于拿出了自己的真心，员工对此会有感知，也就一定会了解领导者的良苦用心。

003

[如何对待“闷葫芦型”员工]

小李初入公司的时候，曾经听前辈们说：“要想在单位里面站稳脚、扎好根，就必须时刻保持谦虚谨慎的态度，然后按照上面的要求努力地完成好手头上的工作就行了，其他的事情尽量少管，以免为自己带来不必要的麻烦。”

刚刚步入职场的小李，对前辈们的建议深信不疑。小李本来就性格比较内向，不善于和他人交谈；对于时常在上司面前表现自己或者是炫耀才能的人，他也很反感，所以他一般会选择沉默。

有一次，企业召开事关策划活动的会议。会议中，小李一直都是沉默的态度，即使是领导询问他有什么观点和想法，他或是笑而不语，或是用“我没有什么意见”“您的想法和看法我完全赞同”之类的话搪塞。

渐渐地，小李发现，在一些项目的推广上，领导再也不去了解他的看法了，而是把任务交给他的同事去负责。两年过去了，小李的同事大多升职了，只有他在岗位上原地不动。

像小李这般不善于交谈的员工有很多，他们埋头工作，不爱说话，或者缺少自信，从来不向别人透露自己的想法。那么，当企业领导者遇到“闷葫芦型”的员工时该怎么办呢？

对于“闷葫芦型”员工，他们最大的问题就是不想沟通，这是自身的性格造成的障碍。他们沉默不语，往往让企业领导者头疼。但是，这并不能成为领导者退缩和嫌弃的理由，作为一个合格的领导者，应该主动让他们多开口说话，表达出内心的想法。因为，这不仅仅是员工个人发展的问题，也关系到企业领导者能否充分利用人才的问题。

调查表明，不善于交谈的员工话虽然很少，但是他们身上有很多的优点。他们能够在危急的关头保持冷静的头脑，能够耐心地听别人说话，并且具有超强的协调能力和坚忍力，善于把相反的力量融合在一起。不少沉默的人秉持着“光说不练真把势”的理念，在岗位上恪尽职守，吃苦耐劳。

由此可见，如果企业领导者对不善于交谈的员工弃而不用，对企业来说就是一种人力资源上的浪费。因此，领导者需要对不善于交谈的员工耐心地进行开导，多与他们沟通交流，最后打开他们的心扉。

日本的管理之神松下幸之助说:“企业管理过去是沟通,现在是沟通,未来还是沟通。”员工的性格不是领导者能够决定的,但是企业领导者不能因为员工不善于交谈的性格而放弃他们。金银财宝不会说话,但是不影响它们的价值存在。企业领导者要有耐心主动去和不善于交谈的员工沟通。

004

[积极听取员工们提出的建议]

相传,在一个非常闭塞的山村里有一种让人震惊的习俗。当地人信奉山神,他们认为老人无用,所以当村里有老人达到60岁的时候,就会有人把他们送进深山去陪伴山神。通俗地说,就是把他们丢进深山老林里,让其自生自灭。

直到有一天,有一个老人在被送进深山之前对自己的儿子说:过几天可能会有地震发生,你快带着咱家的人逃吧。他儿子在将信将疑之中通知了村子里的人,同时带着妻儿逃出了山林,避开了那次毁灭性的地震灾难。村子里幸免于难的人这时才发现,原来老人是个宝,虽然在体力上比不上年轻人,但是在生活经验方面却高于年轻人。

于是，村子里的这个陋习被破除了，人们开始尊敬老人。

这个故事告诉人们一个道理：不要小瞧身边人，有的时候他们的建议或许就能救你的命。这个道理在企业当中也一样适用。企业中的每个员工都有自己的想法，或许你是领导者，但这并不意味着任何时候你都比员工更明智。或许，他们的建议就是加速企业运行的一剂良药。放下身段，多听听员工的建议很重要。

一家大型公司有两位项目经理，他们在能力方面不相上下，但是其中一位项目经理的下属看起来个个精力充沛，工作劲头儿十足，业绩一路飙升；而另一位项目经理的下属看起来则是无精打采，工作上提不起劲儿，业绩也没有什么进展。

这到底是为什么？原来，前者是一位善于听取下属意见的领导者，下属们会因为自己的建议不断被经理采纳而备受鼓舞，因而精气神十足，积极主动地为公司业绩的增长出谋划策，业绩一路上升；后者在因为不善于听取员工们的意见，甚至拒绝听取下属们的建议，导致自己的部门成了一潭死水。在这样的情形下，下属们的积极性能高得起来吗？业绩又如何快速增长呢？

领导者积极主动地听取下属的意见和建议，下属会觉得自己得到了上司的重视，心情自然大好，于是新构想、新观念、新建议不断涌现。久而久之，他们就慢慢学会了自动自发地思考问题，很快成长起来，成为精兵强将。

反过来，如果一个领导者没有耐心听取下属提出的建议，他们会觉得不是自己的建议不好，而是公司根本就不够重视他们，这会挫伤他们的积极性。有的员工自信心还会备受打击，几次之后，这种出力不讨好的事，再也没有人愿意做了。

一旦出现这种现象，导致的后果我们不难想象：公司如同一潭死水，只有管理层的人员坐在那里挖空心思地苦想提高公司效率的办法，而员工们即便有好办法也不肯说出来，他们只会死板地做自己分内的工作，个人没有进步，公司也没有发展可言。这种现象是很可怕的，对领导者和企业来说，都是有害无益的。

据史料记载，唐太宗李世民善于听取下属的建议，仅魏征一人就提出了200多次建议，虽然李世民有时候也会不耐烦，但他还是虚心接受，从谏如流，这使得唐朝越来越强大，开创了历史上著名的“贞观之治”。可见，领导者若想培养人才，就必须创造一个能够接纳下属意见的环境和气氛，不是消极地沟通和安抚，而是要认真采纳下属的建议，在可行的基础上要进行积极地推行。

当下属提出建议时，领导者应该欣然听取。只有虚心听取，他们才会经常性你提出建议，如此领导者才不至于言路闭塞。当然，对于下属提出的建议，领导者要从全局来思考该不该采用。有的时候，虽然他们热心地提出了很多建议，但实际上并不可行。对不合适的建议，领导者可以诚恳地告诉他们原因，让他们明白公司实际上已经认真考虑过了。员工虽然渴望自己提出的建议被认可，但是更渴望的是获得企业和领导者对自己的重视。

005

[让员工们了解企业的发展状况]

一家公司的总经理曾经向某员工明确地表示不满：“半年前我就宣布公司要进入鞋类市场。你难道不明白，市场零售商对我们新产品的接受程度是多么的重要？”

那名员工老老实实地回答：“我确实没有在新产品上下工夫，因为我不知道公司准备向鞋业市场进军。其实经理你应该明白，鞋类产品是一条重要产品线的组成部分，可是从没有一个人向我强调这个问题。如果我要是知道公司正准备全力进军鞋业市场，我自然会全力以赴。但是不能因为你只说了一句‘下点工夫’，就指望我能够明白你的意思，你应该将公司的整体规划说清楚。”

从上面这个例子我们可以看出，企业领导者给予员工知情权是一件极其重要的事，它关乎企业的发展动向，关乎企业员工的努力目标。如果不将企业的具体状况告知员工，十有八九会出现员工们努力工作也只是事倍功半的结果。

松下公司成立初期，松下幸之助就对手下的七八名员工开诚布公地说明了公司每个月的亏损和盈余。对此，那些员工大多数持半信半疑的态度。因为在当时，没有哪个公司的领导者会这么做。因此，更多的员工认为松下幸之助不过就是在员工面前摆摆样子、笼络员工罢了。

可是没多久，大家就觉得松下幸之助说的并不是假话。大家发现松下幸之助的态度是真诚的，公司每个月的财务信息都会透明地向员工公布。

松下幸之助公开公司亏损、盈余的做法让员工很感激，他们更加努力地为企业发展做贡献，因为他们能够直接看到每个月因为自己的团结努力而为公司创造出来的业绩。这进而让整个企业的员工产生一种共识：要在下个月更加努力地工作，取得更加出色的成绩。

当松下幸之助的电器企业逐渐做大，并开设分公司的时候，也延续了这种开诚布公的激励政策，分公司的负责人每个月在向总公司报告亏盈时，也同样会向全体员工公开这些。

后来，松下幸之助将这种做法命名为“透明式经营法”，他的这种经营方式也成为了企业管理学中的一个经典案例。松下幸之助对员工的坦白其实是对员工的一种激励方式，这种激励方式使员工很少对公司提出要求，领导者和员工建立起了一种信任、和谐的劳资关系。

日本松下企业的“透明式经营法”，对提高员工工作积极性起到了极大的作用。开诚布公，给予员工知情权，就是给予员工信任。特别是在企业出现严重危机的时候，更是应该开诚布公，让员工知道企业面临的真实情况，这有助于领导者和员工能够团结一致、同心同德。所以，赋予员工企业发展情况的知情权是赢得员工支持、大力促进企业团结奋进的有效方式。

20世纪90年代初，波音公司的产品产量大幅下降，企业出现了前所未有的危机。为了让企业走出发展的低谷期，波音公司的领导者们经过商议，决定将企业的危机原原本本地告知全体员工。波音公司希望通过自曝惨状的方式刺激全体员工，以求获取员工支持。

为此，波音公司先行拍摄了一部靠虚拟技术进行播放的新闻片子，画面是在一种天色灰暗、让人备感压抑的天气里，公司很多的员工垂头丧气、拖着沉重的步伐，从工作了多年的工厂黯然地离开了，而厂房上还挂着一块“厂房出售”的牌子。公司的播音喇叭正在进行广播：“今天是一个特殊的日子，它宣告着波音企业的终结，波音公司已经关闭了最后一间厂房。”

员工们看到这部虚拟的片子之后，都强烈地意识到市场竞争的残酷无情，市场经济的浪潮随时都可能将企业吞没，只有团结一致地拼搏，才有可能在这大浪潮中杀出一条属于自己的路，开创一片天地。否则，此刻虚拟的场景就有可能在下一秒变成现实。

这个时候，波音总公司的总裁就告诉公司的各位员工：“如果我们公司不进行彻底的改革，这一天总会到来。”波音的前总裁菲利普·康迪特也说：“我们的根本目的是为了确保在10年之后还能在电话簿上查到自己的公司。”

当员工们得知公司陷入了前所未有的危机时，深知如果不积极面对，危机只会更加严重。所以，员工们更加努力地工作，同时注意节约公司成本，充分利用时间，从而使得波音工厂的飞机制造业迅速发展。仅在当年，波音飞机制造厂制造飞机的成本就减少了上亿美元，经营成本也降低了 1/5 ~ 1/3。

当波音公司的发展出现危机时，企业领导者选择的并不是掩盖公司面临的危机，而是让企业的员工都感受到危机，以此激发出员工的忧患意识和艰苦奋斗的精神，终于帮助企业顺利地渡过难关。

在企业的经营过程中，难免会出现困境甚至危机，这个时候，将真实的情况告知每一位员工，也是一条解决问题之路。对于大多数员工来说，知道公司的实际情况永远比不知道的好，即使他们听到的是坏消息，因为员工能够根据现实情况而不是按照自己的想象来处理问题。及早地公布真实情况，可以让员工尽快地适应新情况、新问题。

同时，开诚布公地让下属知道公司的实际情况，可以让下属感到领导将自己视为“自己人”，这就可以激发员工内心的自豪感和企业主人翁意识，可以更好地让员工为企业发展奉献自己的力量。

006

[做倾听员工心声的领导者]

豪斯先生曾经是美国总统威尔逊手下的副总统，对工作十分尽心。他的一个朋友曾经这样评价他：“豪斯先生最大的优点，就是能够做一个很好的听众。他能够在威尔逊当总统的时候成为他手下的副总统，跟他能够倾听别人的话是分不开的。一次，豪斯和威尔逊相约在纽约会面，那时，豪斯就是用他善于倾听的优点换来了威尔逊对他的好感和注意。”

无独有偶，美国著名的政治家约翰·海，不光善于演讲，也是一个善于倾听的听众。他在倾听别人谈话的时候总是摆出一副对对方十分尊敬的样子，对方所说的话他听得十分专注。每一个跟他谈过话的人，只要跟他坐在一起半个小时，就会感觉自己已经被约翰·海“俘虏”了，同时也会在无意当中受到鼓励，不知不觉地向前发展。

能否倾听他人心声，是衡量一个领导者沟通能力强弱的标

志。善于倾听，可以在无形中起到褒扬和激励下属的作用，这就等于是在告诉下属：“你说的东西很有用，我得仔细听听。”这就在一定程度上让员工的自尊心得到了满足，他们就会对领导产生一种好感，使领导和下属之间的距离拉近。同时，倾听是最有效、最直接地了解他人内心想法的通道。企业领导者想要使内部沟通顺畅，就得学会积极地去倾听，让员工打开话匣子。

在美国芝加哥州，有一家从事电话交换工作的工厂，工厂对员工的待遇很好，工厂里的生活设施和娱乐设施也都十分完善。但是，这里的工人工作积极性普遍不高。

为了解决这个问题，工厂请来了专家。专家到来之后，首先是对员工进行一对一的谈话，耐心地倾听他们对工厂管理层的各种意见和对公司的不满。在整个谈话过程中，专家们对员工提出的不满没有任何反驳，让他们能够尽情地把心中所想全部说出来。这项倾听活动在工厂中进行了两年，工厂的产量也有了大幅度的提升。

员工倾诉的话题有很多，有的是对企业制度的不满，有的是对领导的不满，有的是对同事的不满，但归根结底还是找到了员工工作积极性不高的原因。领导者在倾听过程中会发现企业存在的弊端，只有及时地采取措施去解决，就不至于造成不可挽回的后果。

很多时候，下属对领导者心怀不满，不是因为繁重的体力工作，而是觉得自己的意见不能得到重视。而领导者注意倾听下属员工的不满和意见，可以帮助他们宣泄心中的不满。往往他们说出了心中的怨忿时，就会有种如释重负的感觉，心里的压力也就减轻了。

孙女士是一家公司的销售部经理，她的下属娜娜是一个性格活泼的女孩子。同事们私底下都说，这个不知道忧愁为何物的女孩子就是企业的开心果。但是，孙女士近来发现，娜娜一反常态，每天到公司后，就闷闷不乐地坐到自己的座位上，谁也不愿意答理。同事们跟她开玩笑，她也心不在焉。

刚开始，孙女士并没有放在心上，以为一个女孩子偶尔有点儿小情绪也正常，过几天应该就会好了。可是，几天过去了，娜娜的情绪非但没能好转，反而有一点儿恶化的情形，她甚至发起了小脾气，与客户大吵大闹，被客户投诉到孙女士这里。

孙女士意识到不能任由娜娜这么消沉下去，她决定要和娜娜好好地谈一谈。下班后，她约娜娜一起吃饭。吃饭时，孙女士有意无意地问道："娜娜，是不是最近工作很累？一定要好好地照顾自己。我看你最近情绪不是很好，是不是因为工作压力大呀？如果是工作压力大的话，我觉得你可以请假休息几天。”然后她就不再多说了，以关切的眼神看着娜娜。

孙女士的这番关怀，让娜娜大受感动，娜娜逐渐打开了话匣子。原来，娜娜在感情上遇到了挫折。上个星期她刚刚和自己的男朋友分手，而在分手之前，两人已经有了七年的感情，甚至已经到了谈婚论嫁的地步，但是说分手就分手，对娜娜来说是一种非常大的打击。这几天，她的情绪已经到了失控的地步。

在这倾诉的过程中，孙女士一直在静静地听着。听完之后，她什么都没有说，而是将娜娜拥入自己怀里，娜娜这段时间的委屈也在这一刻全都倾诉出来，眼泪不由得流了下来。等她哭过之后，娜娜告诉孙女士，自己心里舒服多了。孙女士就建议娜娜请几天假，出去散散心，好好地调整一下自己的情绪，快些走出感情的低谷。

娜娜按照孙女士的建议，终于走出这次感情的阴影。对于孙女士那次耐心的倾听，娜娜更是十分感激，在之后的工作中表现出极大的热情。

案例中，孙女士通过倾听的方式了解员工内心的真实想法，然后采取合适的解决方式给员工一个自我宣泄和调整心态的机会。如此，既帮助娜娜走出了感情的低谷，又赢得了娜娜的尊重，使她更加努力地工作。

企业领导者想要跟下属好好沟通，倾听有时反而比说很多话更有效。尤其是当你不知道对方发生了什么时，用心倾听，让对方打开话匣子，才能避免管理工作的盲目性。倾听别人说话，还可以表现出自己已经敞开心扉，坦诚地接受对方，继而使得双方能够进行心灵上的沟通。领导者也会因为懂得倾听他人心声而受到员工的尊敬和爱戴。

007

[创建一种平等的沟通氛围]

惠普公司办公室的布局十分特殊，全体人员都在一间宽敞的办公室当中，各部门用矮屏分隔。这种布局模式可以让企业领导者在自己公司部门当中随意地走动，或者总是能够出现在员工的视野当中，使员工和员工之间、员工和上司之间保持着亲密的工作关系。

上述案例中，惠普公司采用的“走动式管理”大大提升了成员间沟通的便利，让整个惠普公司的领导者能够及时了解每个员工的问题和看法，加强彼此间的信任和尊重；那间敞开的办公室也创造出人人平等的氛围，打开了领导者和员工沟通的大门。

在与人沟通的过程中，平等的氛围是很重要的。只有让被沟通者感受到平等，才能让他们敞开心扉，讲述内心真实的想法。所以，在与员工沟通时，领导者要充分给予员工话语权，千万不要人为地在自己和下属之间设置屏障。

小敏是一个文静乖巧的女孩子，平时连说话走路的声音都很轻。小敏本来是做策划的，却在没有事先沟通的情况下，突然被部门经理调去做销售。

小敏到了销售部后，三个月都没有签成一单。对此，部门经理很生气，觉得她对企业没有一点儿帮助。于是，小敏被无情地辞退了。

两年后，商场里出现了一个策划女强人，部门经理听说后，想出重金聘请。好不容易见到这位女强人后，才发现原来是自己曾经辞退的小敏。一个连销售都不会的小女孩儿，怎么会在两年之内跃升为女强人呢？

原来，小敏不是不会销售，而是很害羞，每每有顾客来的时候，她说话都极其小声，细声细语地让顾客很不习惯，所以没有卖出一件商品。小敏的这种性格只适合在企业背后出谋划策。部门经理很是后悔，于是问小敏当初为什么不对他说留下来，小敏却说道:“您当时也从未问过我啊？”

上面的例子中，调职没有跟小敏交流，出现销售问题也没有与小敏沟通，全程都是部门经理占据着主导地位，小敏没有一点儿发言的权力。以这种一言堂式的不平等沟通，部门经理又怎么能了解到小敏的真实想法呢?

要想建立一个具有合作精神的团队，首先就要创造一个平等、和谐的环境。要想在公司员工之中形成一种平等、和谐的沟通氛围，企业领导者就不能高高在上，搞一言堂。平等的氛围能激发员工的活力，可以让员工感知自己的贡献已经得到上级的重视和认可，他们才能尽职尽责，充分发挥自己的才干。

008

[赞美员工时要真实且真诚]

萧伯纳在20岁之前被公认为是“胆小鬼”。他刚到伦敦的时候，被人请去做客。到了主人家门口，无论如何也鼓不起勇气去按门铃。最终，他在朋友家门前徘徊了一阵后，无奈地离开了。让人意想不到的是，这样一个“胆小鬼”后来竟成为一位赫赫有名的演说家。

第一次演讲是他在一个朋友的盛邀之下才勉为其难地上台的。当时，他在台上，很小声地讲了一个故事。结果，这一次演说成了别人的笑料。很多人都笑话他声音小得就像一个小姑娘，他本人也沮丧至极。就在这个时候，萧伯纳听到了一个小女孩的赞美:“您的声音真好听，要是能够将声音再放大些，相信一定很悦耳。”萧伯纳红着脸向女孩儿道了谢。那个女孩儿笑得很开心，因为她知道，萧伯纳接受了自己的赞美。

小女孩随口的一句赞美对萧伯纳形成了一股无形的推动

力，让他以后在公开的场合不再继续保持沉默。从此，每逢周末，萧伯纳就会积极地寻找机会进行演讲。市场、码头、学校，只要是人群扎堆的地方，都离不开萧伯纳的身影。每一次演讲过后，萧伯纳会对自己的演讲进行一番总结，从中汲取教训和经验。经过无数次的磨炼，萧伯纳再也不是当初的“胆小鬼”了，成了英国赫赫有名的演讲家。

小女孩随口的一句赞美，就能鼓励一个性格羞赧的青年不断努力，最后竟然成为了一名举世闻名的演说家。由此可以看出，赞美的力量是多么的强大。

赞美可以赋予一个人信心和力量，但不是所有的赞美都有这样的作用。在企业管理当中，只有出自真心的赞美，才能打动下属的心。

一个善于沟通的企业领导者应该懂得依据事实说话，依据事实进行赞美。赞美说得越真实，就越可信，自然越能帮助听者树立信心。有些领导者将赞美与吹捧相混淆，肆意夸大下属取得的成就，或者赞美下属身上并不具备的优点，结果只会令听者不快。这些不真诚的赞美，或者说是有目的的盲目吹捧，只会害了一个人。

叶青年纪轻轻，已经是一家公司的总裁。年终的时候，公司的各种会议和各式各样的报表多得让人喘不过气。作为公司领导者，叶青既要参加会议，又要指导工作人员完成相关的工作任务，忙得不可开交。

一天，一本厚厚的账单总结报告需要明天上交，同时这份总结报告必须由叶青本人完成。无奈之下，他只好让办公室的几个秘书帮忙做一些相关资料的查找工作。第二天，叶青终于及时地将那份总结报告交了上去。对此，他对帮助了自己的几个年轻下属十分感激，非常真诚地跟他们说："感谢你们昨天晚上的帮助，才让我能够按照预期的时间完成工作，真心地感谢你们，你们真是太棒了。"

上面的例子，领导者的赞美是发自内心的并无夸大成分，对员工来说十分受用。

除了赞美的内容，赞美的语气也同样重要。如果领导者在赞扬下属的时候漫不经心，一边喝茶，一边看报，一边含糊不清地说几句赞美的话，这样不仅不会产生赞美的作用，反而会让下属觉得领导者是在有意敷衍，是对自己的不尊重。久而久之，员工对领导者的赞美也就不再在乎。所以，领导者在赞美员工时，需要带有一定的情感，切勿心不在焉。

009

[主动化解员工之间的矛盾]

餐桌的鱼缸里养着一群金鱼。这群金鱼中，大部分体形较小，只有一只金鱼眼睛上长着大水泡，个头也比一般的金鱼大很多。每当主人喂食时，这条“大水泡”金鱼总是最先抢到，它食量极大，经常将大部分食物吞掉，小鱼们费尽力气，也只能抢到一点点的食物，经常饿着肚子。

终于，这些小鱼们忍无可忍，就跟“大水泡”金鱼说：“咱们好歹也是住在一起的同伴，做事不要太过分，不能太自私。”“大水泡”大笑着说：“你们要是有本事，大可以将所有的食物都抢走；没本事，那就饿肚子吧！”

小鱼们都十分气愤，为了改变这种状况，这些小鱼们便在私底下酝酿一个报复计划。在接下来的数日当中，它们时时刻刻关注“大水泡”的一举一动，在抢食的时候，它们趁“大水泡”不注意，狠狠地咬了它一口。但是“大水泡”却毫发无损，只是留下一个印痕。“大水泡”就更加得意了，回过头来，带着几分轻蔑的表情说道:“抢不到食物，就来咬我？有用吗？”

小鱼们没有在意它的话，游到其他地方去了。过了一段时间，小鱼们又游了回来，在“大水泡”身上的印痕上继续狠狠地咬。“大水泡”生气了，也开始咬小鱼。一段时间后，金鱼的主人突然发现，鱼缸里的小鱼缺尾少肉，伤亡惨重，而那条“大水泡”也奄奄一息地躺在了缸底。

人与人在相处的过程中难免产生矛盾。对一个团体而言，成员间的冲突是造成团队动荡的重要原因之一。倘若领导者对成员间的矛盾置若罔闻，任其发展，就会如案例中所呈现的那样损失惨重。一个合格的企业领导者不仅必须具备主动调节员工矛盾的能力，还应该善于将不利因素转变为有利因素，带动整个团体不断进步。

在日本，一些企业为了化解纠纷专门建立了“健康管理室”。

所谓的“健康管理室”，是由很多具有不同寓意的房间组成的，第一间屋子当中放了两面大镜子，进去的人在照镜子之前，感觉不到自己面貌的变化。但是一照镜子，看到自己面红耳赤的模样，就知道自己今天有些失态，情绪有些失控。

第二间屋子里面放的是一排哈哈镜。在这里，员工会见到自己和别人的样子不是被放大就是被缩小了。这间屋子告诉人们，正确地看待双方，个人其实不像哈哈镜里那样高大，别人也不像自己想象中的那样渺小。

从两间屋子出来，继续往前，是一间弹力球室。这间屋子的地板和房顶都挂了钩子，钩子当中用橡皮条紧紧地拉着一个球，球挂得有一人多高。进来的人每人用力打三下球，由于弹力的作用，球被弹了回来，正好打到自己的额头上。这就告诉人们，伤害也是相互的，在伤害别人的同时，自己也会受伤。

当团体中出现了冲突、纠纷时，领导者要通过各种方式及时化解，避免积怨成祸，影响工作效率和整个团队的和谐。具体来说，可以从以下几方面加以注意。

第一，保证各部门竞争的合理性。竞争是让企业员工活跃起来的最佳方式，同时也可以让企业组织不断地获得进步。合理竞争，就要求企业各部门之间能够维持一种正常、平等的竞争关系，避免相互拆台，制造矛盾，而要在最大程度上发挥组织的积极性和创造性，完成组织的整体目标。

企业的领导者面对团队的矛盾和问题时，决不能回避或者不作为，而要积极应对化解它们，这样才能增强团队的凝聚力。

第二，规劝员工，彼此谦让。在企业中的各个部门，下属之间的矛盾是不可避免的，这个时候，企业领导者要及时地予以调解，充当“和事佬”的角色。领导者可以利用自己的权威告诫大家要“彼此谦让”，让双方各退一步，使矛盾缓和到双方都可以接受的状态。这对矛盾双方而言是最合适的调解方式。在调解中，领导者要不偏不倚，决不能倚仗手中的职权偏袒某一方。

第三，把握好处理问题的时间。作为组织的管理者，要在日常工作和生活中多注意细心观察周围同事和团队内部存在的一些小问题和小矛盾，及时发现苗头和隐患给予疏导和化解。“千里之堤，溃于蚁穴”，不要等问题成堆、积重难返才开始着手解决。实际工作中，可以秉承“体察解忧、化解防范、查源治乱”的方针，确保各类“小矛盾”能够及时化解，“大矛盾”能够提前预防。

第八章

容人：拓宽心量，成就格局

如果说领导者的管理是一门艺术，那么容人容事的雅量就是打开这扇艺术之门的万能钥匙。宽容是一种处事方式，更是一种境界。企业领导者想要总揽全局，就必须懂得用欣赏的眼光去看待能力强的下属，用包容的心态去对待犯错误的下属。胸襟永远是征服他人不可或缺的品质。

001

[宽容下属无意的失礼]

宋太宗年间，有一位名叫孔守正的人，因对朝廷立有大功被封为殿前都虞侯。一天，他和同为武将的王荣一起侍奉宋太宗酒宴。由于二人都是性格豪爽之人，在酒宴上你一杯我一杯，大声谈论着彼此在战场上的功绩。

酒过三巡，孔守正就喝得醉醺醺的了，于是就和王荣在宋太宗面前争论起各自的功劳大小。两个人越吵越生气，越吵越凶，甚至毫不顾及在场的宋太宗，完全忘记了作为臣子的礼节和本分。这种情况下，侍臣就奏请太宗将二人抓起来送到吏部治罪。太宗没有同意，只是下令将二人送回府去。

第二天，二人酒醒了以后回想到自己在太宗面前的失礼，惊慌不已，便赶忙前往大殿向宋太宗请罪，宋太宗笑着说："朕昨天也喝醉了，完全想不起来还有这些事情了。"

两个臣子酒醉之后在帝王面前争功，很显然这是极其失

礼的行为。作为一个国家的最高统治者，宋太宗面对这样的事情心里肯定会不高兴，但是当二人酒醒以后跑来请罪时，宋太宗却假意说自己也喝醉了。宋太宗的这个做法就很高明，不仅保住了双方的颜面，也让二人得到了警醒，可谓一举两得。

春秋时期，楚国国内大乱。战乱平息以后，楚庄王设宴庆祝，楚庄王最为宠幸的许姬也参加了这场宴会。宴会进行到一半的时候，忽然刮起了一场大风，吹灭了所有的蜡烛。这个时候，许姬突然感到有人在黑暗中拉扯她的衣服，就一把将那个人头盔上的璎珞扯了下来，然后对楚庄王说：“大王，刚刚有人想趁乱非礼臣妾，等重新点亮蜡烛就知道是谁了。”楚庄王小声地对许姬说：“酒后失礼只是一时冲动，今天的庆功宴会怎么能因此扫兴呢？你不要把这件事放在心上。”紧接着就大声地宣布：“今天晚上各位一定要尽兴而归，现在请大家把头盔上的璎珞都拔掉。”

三年之后，晋国侵犯楚国，楚军中出现了一位英勇无敌的将领，他带领百名士兵把楚庄王从乱军中救了出来，同时恳请出任先锋一职，带领士兵英勇杀敌，致使晋国大败。这名年轻的将领就是当年宴会上轻薄许姬而差点儿被杀头的人——唐狡。

那位将军在宴会上一时酒后冲动冒犯许姬，若楚庄王加以追究，将军必会受到惩罚。这样不仅会扰乱宴会扫了兴致，还会令众将士寒心。楚庄王只是把责任归结到客观因素上，既保全了将军的颜面以及性命，也用宽容的态度激发了将军戴罪立功的宏愿，最终将军不顾自身性命立下大功。

人难免有失礼的时候，原谅下属无意识的失礼，会让失礼的人产生一种被尊重感，也容易激发出对其对领导者忠心耿耿的决心。所以，对于员工无意识的失礼，领导者要泰然处之；对于员工有意识的失礼，要主动询问原因，帮助其改正。这才是一个领导者应该具备的胸怀。

002

[宽恕下属无意的冒犯]

三国时期，诸葛亮去世以后就把国家朝政交给蒋琬主持。蒋琬有一位下属名叫杨戏，性格十分孤僻，不喜与人交际。每次蒋琬在和他说话的时候，他也只是回应一声。其他人看不惯杨戏的这种傲慢态度，就去蒋琬面前告状："杨戏这个人居然敢对您如此怠慢，实在是太过分了！”

蒋琬听过后只是坦然一笑，说：“这个世上的每个人都有自己的脾气，如果让杨戏当我的面说一些夸赞我的话，那并非是他的性格；如果让他当着众人的面说一些有损我的话，那他也会觉得我面子上过不去。所以，他就只好只应不答了。其实，这也正是他难能可贵的优点啊。”

后来，就有人称赞蒋琬是“宰相肚里能撑船”。

在很多企业中，我们常常会看到一些刚刚走进社会年轻气盛的下属，他们总会有意无意地冲撞自己的领导。有的领导在被下属冲撞以后会大发脾气，甚至还会故意给对方“穿小鞋”，如此度量小的人，又如何能管理好自己的员工呢?

作为一个领导，如果下属无意间违背了上级的意愿或做错了事情，而作为领导者无法容忍别人的无心之过，只会一味地发火，那么就会加重对方的负面情绪，导致整个局面变得越来越糟糕，更严重的是对方从此怀恨在心，为以后埋下了隐患。

有一位禅师非常喜欢养兰花，对自己精心栽种的兰花简直到了痴迷的地步。有一天，这位禅师要外出一段时间，临走前叮嘱弟子们要小心照看这些兰花，可是其中一名弟子无意间踢翻了禅师的一架兰花，这下整个寺院的人都吓坏了，大家都非常害怕禅师回来以后会大发雷霆。可是，禅师回来后不但没有生气，还和颜悦色地告诉弟子："我种这些兰花，是为了修身养性，而不是为了生气的啊！"

禅师的这番话令人深思。生活中，如果为了一些小事情便生气动怒，实在是得不偿失。君王要想成功地驾驭文武百官，需要有过人的度量。同样的道理，企业的领导者如果做不到容人容事，控制不了自己的情绪，那么也无法掌控企业全局。

宽容不应该只是一时的行为，而应该成为一种人生的态度。宽容别人的同时，也是在宽容自己。

汉文帝时，袁盎曾经担任过吴王刘濞的丞相一职，他门下的一个从史和他的侍妾私通。袁盎知道了以后，并没有对外宣扬，而是假装并不知道此事。可是有人却用这件事恐吓那个从史，从史惊恐之余就跑了。袁盎得知这个消息以后，不但亲自带人把他给追了回来，还把那名侍妾赐给了他，并且如同往常一样待他。

汉景帝时，袁盎被封为太常，奉命出使吴国。这个时候，吴王正在策划背叛汉景帝的事宜，想要趁机把袁盎杀掉，于是就派了上百个人包围了袁盎的住所，而袁盎对这件事没有丝毫察觉。刚好那个从史在围守袁盎的军队中担任校尉司马，所以就买了很多好酒好菜，把这些围守的士兵全部给灌醉了。从史趁机进入袁盎的房间，把他喊醒并让他赶紧逃走。袁盎非常好奇来人的行为，于是就问道：“你为什么要冒着生命危险来救我呢？”从史回答：“我就是之前那个和你侍妾私通被你饶恕的从史啊！”袁盎恍然大悟，连夜逃离了吴国。

其实，救了袁盎的不是别人，正是他自己当年的“饶恕”呀！

只有宽容下属犯下的错误，才可以达到解决问题的真正目的。宽容下属的冒犯，是拉近彼此距离的有效办法，可以赢得下属的尊敬和拥护。

但需要注意的是，在职场中领导对下属要有宽容和忍让之心，但也不能一味地去宽容和放纵，必须要坚持原则和纪律。宽容要怀着善意帮助别人改正错误，用一颗真诚的心去打动他们，纵容却是一种不负责任的放任行为。领导者既要以理服人，也要采取严肃批评的教育方式，不要以宽容为借口，纵容下属的不良行为。

003

[给犯错的员工改正的机会]

美国某公司的一位高级主管由于一时大意给公司造成了高达600万美元的经济损失。为此，他内心感到十分紧张害怕，担心自己会被公司辞退并惹上官司。第二天，公司董事长把这位主管叫到了办公室，通知他被调任到其他同等重要的新职位上。

对于这个安排，主管感到十分意外，于是忍不住问："我犯了这么大的错误，您为什么不把我开除或者是降职呢？"董事长听完以后，笑了笑说："如果我那样做，岂不是在你身上白花了那600万美元的学费吗？！"这个回答有些出乎意料。主管感激之余，产生了巨大的动力，他下定决心一定要努力工作，为公司贡献自己的力量。

报纸上有一篇报道：某超市的一名员工，因为在上班时间吃了超市一个价值一元钱的鸡蛋，就被超市给开除了，另外还被罚款1000元。看到这样的报道，我们不禁愕然，这样的惩罚会不会太过严厉了点儿？不就是一块钱的鸡蛋嘛，有必要做出如此大的惩罚吗？但在超市看来，今天敢偷鸡蛋，明天不知道还会偷些什么。开除、罚款只是为了杀鸡儆猴，这样做不无道理。

但是，如果超市能够宽容对待这件事，那么偷吃者除感到羞愧外，更多的是感激和反省。惩罚也许可以让人感到畏惧，但不一定就会让人心服口服。另外，在惩罚的前提下，如果还有其他员工再犯下错误，必定会死不承认。如此一来，不但没有起到以儆效尤的作用，反而给管理带来诸多困难。

有一次，著名的发明大王爱迪生和他的助手们在实验室里连续工作了24个小时，最终制作出了一个电灯泡。

紧接着，爱迪生就让一名年轻的学徒把这个电灯泡拿到楼上的另外一个实验室里。这名学徒拿着灯泡，十分小心地走在楼梯上，就怕一不小心将这个新发明给摔坏了。可他越是这样想，心里就越是紧张，手也开始忍不住地哆嗦起来，当他就快要走完楼梯的时候，电灯泡还是被摔在了地上。

然而爱迪生并没有对他加以责怪。没过几天，爱迪生和他的助手们又花了24个小时制作出一个电灯泡。制作出来以后，爱迪生不假思索地把它又交给了之前把摔坏灯泡的那名学徒，仍然让他把灯泡送到楼上的实验室里。这一次，这个学徒成功地完成了爱迪生交给他的任务。

后来，就有人问爱迪生:“原谅他就可以了，为什么还要把灯泡再交给他呢? 万一他又摔坏了怎么办?”爱迪生笑了笑说:“每个人都有犯错的时候，我们要给他加以改正的机会。”

其实，当领导者在面对下属犯错和失误时，如果只是采取惩罚的手段，不仅解决不了问题，反而会让问题变得更加严重，不如采取宽容的态度去面对下属犯下的错误，如此才是领导者管理的上上策。领导者如果可以适时地宽恕下属犯下的过错，并激励他们加以改正，那么就会强化他们对企业的忠诚和激发更多的创造力。

004

[强强相争，不如强强联合]

在日本的北海道有一种名叫鳗鱼的珍贵鱼种。这种鱼之所以极其珍贵，是因为它们的数量少，并且很难存活。一旦离开海洋，无论用什么样的方式饲养，它们都会在半天内死亡。但是，人们还是想要购买活鳗鱼，哪怕活鳗鱼的价格十分昂贵。

在这种情况下，渔人想出了一个很好的应对办法，就是在捕捉到鳗鱼的时候，同时再捕捉几条它们的天敌——一种被当地人称为“狗鱼”的鱼种，并把它们和鳗鱼放在同一个鱼舱里面。令人惊奇的是，原本毫无生气的鳗鱼因为狗鱼的出现顿时变得活跃起来。在这种无形的竞争中，鳗鱼的寿命也得到了延长。

在这个故事中，鳗鱼和狗鱼就相当于“二虎”，可是在同一个鱼舱之下，它们并没有两败俱伤，反而产生了“双赢”的局面，这是为什么呢？不是一直都说“一山不容二虎”吗？不是说“同行是冤家”吗？其实道理很简单，就像一句经典的总结：一个人想要走过一片广阔的草原是很艰难的，可如果是两个人结伴而行，哪怕是彼此关系恶劣的两个人，一起走完大草原，也会容易许多。

日常生活中，我们常常会看到很多类似的现象，例如饮料行业的可口可乐和百事可乐；鞋业的阿迪达斯和耐克；化妆品行业的联合利华和宝洁；家用电器行业的海信和海尔，等等。这些品牌不仅彼此激烈竞争着，还相互依存着，就如同一枚硬币的正反面，对立统一，缺一不可。

但是在工作中，有的企业领导者似乎无法容忍下属的威望和能力超过自己，这些“小气”的领导们认为“一山不容二虎”。他们认为有这样的下属是对自己领导权威和职位的一种威胁，所以他们会把下属当成竞争对手。结果，不是一方要离开，就是落得个两败俱伤的结局，严重的还会导致整个团队人心涣散，阻碍企业发展。

其实，作为企业的领导者，他的最终目标是要带领整个团队走向成功，而他要做的事情就是确定工作方向，并指导和支持下属做好工作。只有下属把工作圆满地完成了，领导才算是成功了。由此可见，领导不能把下属当成竞争对手，而要与他们联合起来，壮大和发展企业。

法国足球队曾经矛盾不断。其中，前锋球员亨利和中场球员齐达内之间的矛盾最为激烈。正所谓“一山不容二虎”，每当这两个人同时出现在球场上，其他的球员就会感到十分为难。虽然表面上亨利还是十分尊敬齐达内前辈，但在心里根本看不起齐达内。亨利认为齐达内根本没有能力担任法国足球队的领袖，还说法国队之所以表现不好就是因为齐达内的低迷状态。

对于球场上存在两个核心人物，亨利觉得非常不满："我和齐达内的位置根本不冲突，可是我也不得不承认，只要他在场，我就会被迫地过分靠前，这样就会限制我的发挥。"经统计，亨利在国家队的进球，基本上和齐达内没有任何关系。对于这样的情况，齐达内也深知自己的尴尬处境。

2006 年，亨利在接受媒体访问的时候曾经说过："我们现在面临着世界杯预选赛的重要任务，这个时候一定要有一个真正靠得住的领袖才行。"亨利所说的“靠得住的领袖”其实说的就是自己。他很早就想让整个球队去围绕他设置战术，而不再是齐达内。

然而，就在 2006 年的世界杯赛场上，正当所有人都认为矛盾不断的法国足球队根本走不了多远的时候，奇迹出现了，法国队成功地战胜了巴西队。而制胜的关键，就是齐达内妙传和亨利射门之间的完美配合。用解说员的话："他们俩太了解对方了！”进球之后的亨利激动地跑向了齐达内，两个人紧紧地拥抱在一起。

更令人感到神奇的是，在接下来的法国对葡萄牙大战中，亨利和齐达内之间又有了一次合作。亨利为法国队获得了点球，而站在罚球点上的正是齐达内。很明显，亨利和齐达内之间的矛盾已经成功化解了。最后，齐达内成功地射入了点球。

强强相争，不如强强联合。只有强强联合，才能把事情做得更好。企业领导者要学会把目光放长远，不要局限于眼下的“一山”，只有容得下身边的猛将，企业才能征服外界更多的“山峰”。懂得与能力强的下属强强联合，一定能够带领整个企业走向更大的成功。

005

[敢于任用比自己能力强的人]

李经理正在办公室里阅读下属的提案，看完后心里感到很不是滋味。“为什么我就做不出如此好的提案呢？”他在心里反复地问自己。这原本是再普通不过的事情，可是李经理难以释怀，甚至还在心中担忧自己的位置会被下属所取代。在这种心理的作祟下，他把下属一个非常好的提案给否决了。

在职场上，我们时常会发现这样一种现象：一些有才能的人都比较恃才傲物，让领导者感到管理他们很是费心费力；同时，那些有才能的人又会让领导者感到自身的地位岌岌可危。所以，有些领导者不愿意任用比自己能力强的人，甚至会发生像上述案例中由于忌妒而产生的行为。长此以往，企业就会走向衰落。

在美国奥格尔维·马瑟公司总裁奥格尔维召开的一次董事会上，奥格尔维给每一位董事发了一个玩具娃娃，并十分严肃地对大家说："请各位打开看一看。"当董事们纷纷打开自己的玩具娃娃时，惊奇地发现里面还有一个小一号的玩具娃娃；打开这个小的，发现里面还有一个更小的……最后一个玩具娃娃上面放着奥格尔维写的一张字条："如果你一直都只是任用比你水平低的人，那么我们的公司将会沦为一个侏儒公司。相反，如果你任用比你水平高的人，那么我们的公司将会成长为一个巨人公司。"

某公司的一位领导曾说："每个人的心里都会有一个底线。如果说只有一个位置，是非此即彼的话，很可能谁也容不下谁。但事实并非如此，企业并不像以前的家庭式作坊，而是一个很大的组织。如果有人在某些方面很强，我会安排他做适合发挥其特长的工作。如果他综合能力比我强，我也一定会推荐他到更高的职位去。"

"有些下属在某一领域比领导的能力强是很正常的事情，我们需要的是有能力的专业人才，特别是正处于发展上升期的企业，更是迫切需要这样的人才。即使是领导，个人的能力和才干也都是非常有限的，要借助他人的智慧，才能在企业经营上获得成功。"

是的，敢于任用比自己能力强的人，才能让企业不断向前发展。领导者要有勇气去承认和接受比自己能力强的下属，心胸开阔地容纳别人的成功，是领导者应该具备的素质。

况且，领导者承认自己的能力不如下属并不是一件很丢面子的事，因为发现和培养人才是领导管理的一个重要体现。作为一个领导者，不必事必躬亲，只要你懂得管理技巧，让各方面能力都很强的下属为你所用，那么你就是成功的领导者。

刘邦曾在洛阳庆功宴上说过："夫运筹策帷帐之中，决胜于千里之外，吾不如子房；镇国家、抚百姓、给馈饷、不绝粮道，吾不如萧何；连百万之军，战必胜，攻必取，吾不如韩信。此三者，皆大杰也。吾能用之，此吾所以取天下也。项羽有一范增而不能用，此其所以为我所擒也。"

重用一些在某方面能力比自己更强的人，正是刘邦取胜的智慧之处。在实际的管理工作中，领导者可以向刘邦学习，敢于任用比自己能力强的人，同时也要善于管理他们。对此，需注意以下几点：

首先，作为企业的领导者，可以给那些能力比较强的下属多安排一些极富挑战性的工作，这样一来，就能充分调动他们的工作积极性，并在最大程度上发挥他们的才能。

其次，当领导者遇到一些能力强但喜欢自作主张的下属，可以用制度去约束他们，多和他们保持沟通交流，以达成工作上的共识。

最后，如果领导者遇到一些下属因为能力强而过分张扬，遭到其他下属的反感，不妨采用鼓励培养的方法，善意巧妙地去帮助其改正自身的缺点，营造团结合作、积极进取的良好氛围，如此才能培养出更多优秀的人才。

006

[得理要饶人，理直气要和]

清朝康熙年间，文华殿大学士张英和一位姓吴的侍郎都是安徽桐城人，两家是一墙之隔的邻居，都打算修建府第。可是吴家不仅把两家共用的一面墙给拆了，而且还侵占了张家的宅基地一尺，张家自然不肯吃亏，双方争执不休。

于是，张老夫人急忙写信给远在京城的张英，要求他出面解决此事。张英收到信后，提笔在信中作了一首诗：“千里家书只为墙，让他三尺又何妨。万里长城今犹在，不见当年秦始皇。”张老夫人收到回信，明白了其中的道理，于是就主动将自家的院墙向后撤了三尺，吴家羞愧难当，也将自家院墙向后撤了三尺。

这样一来，张家和吴家之间的院墙之间就形成了一道六尺宽的巷道，成为了有名的“六尺巷”。本来各不相让的两家，转眼间你敬我让，成就了一段千古美谈。

俗话说，冤冤相报何时了，得饶人处且饶人。从古至今，宽容都被人们奉为做人的重要准则。然而在现实生活中，总有那么一些人常常为了芝麻大的小事争得面红耳赤，谁都不肯示弱，造成了很坏的后果。等到事后冷静下来，才发现如果当时能够稍微忍让一下，也就相安无事了。

实际工作中，当领导者和下属之间的争论已经到了一触即发的时候，领导者应该有“得饶人处且饶人”的气度，千万不要咄咄逼人。如此一来，彼此的矛盾冲突会得到缓解，有理的人越是表现得和气，就越能显示出他的胸襟。

当然，“饶人”也是要讲究方法的，领导者要在能够顾全彼此颜面和尊严的情况下和下属达成妥协。

美国钢铁大王查尔斯·史考勃在一次午休时间路过钢铁厂的一个角落，发现有几个工人在抽烟，而就在他们旁边竖立着一块写有“禁止吸烟”的大牌子。史考勃想了一下，面带微笑地朝着吸烟的工人走去，十分友好地分发给他们几根雪茄，说：“各位先生，如果你们可以在外面把这些雪茄抽掉，我将会感激不尽。”转眼间，几名吸烟的工人就把烟火给掐灭了，并一脸愧疚地对史考勃表示感谢。

当史考勃发现工人在严禁吸烟的地方吸烟，并没有对他们采取责骂或者惩罚的方式，而是运用了幽默的方式让他的下属易于接受自己的批评。在这个小故事中，钢铁大王史考勃占了一个“理”字，可他并没有得理不饶人，反而做出了让步，结果他的工人不但主动改正了自己的错误还对他很感激。

在日常工作中，有些领导者在批评下属时经常“得理不饶人”，好像对方不认错就不肯罢休，结果就导致受到批评的下属口服心不服，把心中的怨气带到工作中。

所以面对下属做错事，领导者要懂得给对方留一点颜面，得理要饶人，理直气要和。想要做到这一点，可以从以下几点入手：

首先，与人交际时不要斤斤计较。每个人都喜欢和心胸宽广的人交往，讨厌与心胸狭窄的人为伍。得理不饶人的领导者在与别人交往的时候喜欢斤斤计较，就算是一件很小的事情，也会被看作大事。这样的领导者不但没有威信，也不会得到下属的尊重和喜欢。

其次，具备体谅他人的同理心。能够换位思考的领导者更容易理解他人的处境，而懂得理解别人的领导者在人际交往中往往更具有人格魅力。

最后，要学会点到为止。如果下属犯了错误，领导在进行批评和惩罚的时候一定要讲究方式方法，适可而止。虽然领导者很有道理，但一直不依不饶、没完没了，完全不顾及下属的颜面和尊严，就很容易引起大家的反感。

总的来说，得理不饶人常常会给人留下一种心胸狭隘、没有度量的不好印象，甚至还有可能会引起大家的公愤，遭到大家的排挤。相反，得理饶人不仅可以体现出宽容的美德，还能体现出自己宽广的胸怀和良好的修养。所以领导者在与下属交往的时候一定要懂得宽容和理解，把握好尺度，才能获得下属的尊敬和爱戴。

007

[别抓着下属的“小辫子”不放]

《郁离子》中记载着这样一个故事：

有个赵国人家中有很多老鼠，给生活增添了很多麻烦，于是他就到中山国要了一只猫回来。这只猫很会捉老鼠，可也非常喜欢咬鸡，一段时间以后，赵国人家中的老鼠被捉完了，但家中的鸡也被那只猫全给咬死了。

那个赵国人的儿子见此就跑去问他的父亲：“我们为什么不把这只猫给赶走呢？”父亲回答说：“这你就不明白了，我们家最大的麻烦是老鼠，而不是鸡被咬死。有了老鼠，它们就会偷吃我们的粮食、咬坏我们的衣物、毁坏我们的生活用具，如此一来，我们就会没有东西吃，没有衣服穿，没有地方住，不消灭这些老鼠怎么行呢？没有了鸡只是没有鸡蛋吃，可是赶走了猫，老鼠就会给我们带来很多麻烦，所以我们怎么可以把猫赶走呢？”

通过这个故事，我们懂得了一个道理：任何事情都有两面性，我们不能只要好的不要坏的，而要全盘接纳。赵国人深知，猫带来的好处要大于猫所造成的损失，所以才不把猫赶走。同样的，日常生活中也会有人像中山猫一样，他们所做的贡献远超他们所做的错事。如果只是一味地抓着缺点和问题不放，那又如何能发挥人才的积极主动性呢？

古文中曾讲道："要办大事的人不计较小事，成大功业的人不追究琐事。"所以要心怀大局，不纠缠于一些小细节。要懂得"金无足赤，人无完人"的道理，既然注重的是一个人的才能，就要宽容其缺点，不要总是抓着别人的小辫子 不放。

曾有人问卡耐基钢铁公司创始人安德鲁·卡耐基是如何待人的。卡耐基回答："待人就像是挖金子，如果你想要挖出一盎司的金子，就要先挖出成吨的泥土。然而你要找的并不是泥土，而是金子。"他关注的重点其实只有金子。"如果你打算在人和事中寻找缺点和错误，你会找到很多。可是我们要找的是金子，所以要找出每一个人积极的一面。"

同样的道理，领导者只有全面、客观地去看待一个人，宽容下属的缺点，善于发现并利用下属的优点，才能最大限度地调动下属的工作积极性，激发他们的创造力，为公司的发展作出贡献。

任何人都会有犯错的时候，不应该总是抓着下属的"小辫子”不放，抓得多了，难免会伤害到下属的自尊心，不利于公司的团结和发展。如果下属犯了错，领导者在批评的同时，要适时地给对方留有余地，不要做得过分，以致失去了对方的信赖。下属和领导之间想要达成共识，就必须坦诚以对，只有齐心才能做到齐力。

第九章

留人：
满足需求，留人留心

在欧洲足坛，有一类球队被称作“球星加工厂”。这类球队经常可以培养出球技高超的球星，但由于种种原因，却总是难以将球星留在球队中。因此，这类球队的成绩也总是平平。因此，领导者必须要懂得必要的留人技巧，毕竟谁也不希望自己的团队只能成为“人才加工厂”。

001

[如何留住关键人才]

历史上著名的齐桓公在还是公子小白的时候，曾经与公子纠为了权力而进行争斗。鲍叔牙效忠于公子小白，管仲则效忠于公子纠。公子小白在成为齐桓公之后，接纳了鲍叔牙的谏言，将管仲收归己用，给了管仲相国的职位，委以重任。从此，齐国开创了又一盛世，齐桓公也成为春秋五霸之首。

自古以来，每位明君都会有才能之士辅佐。周文王的身边是有了姜子牙，才能够灭掉商朝，使得自己的统治更为巩固。刘备身边有诸葛亮，才有了著名的赤壁之战，才得以南征北战，扩张势力。可见留住关键人才的重要性不言而喻。留住关键人才，也成为领导者必备的能力之一。

通用电气公司的第八任总裁杰克·韦尔奇可以说是一位传奇人物，他是这个公司历史上最年轻的董事长和总裁，仅仅在入职八年之后就成功晋升到了总经理的位置。事实上，他曾经差一点就和这样的未来失之交臂，在他入职一年的时候，他更是险些辞职。

韦尔奇在进入通用电气公司的时候已经是博士了，他参与了塑胶事业部的产品研发。因为他工作热情、专业知识丰富，解决了很多难题，最终成功地研制出了一种 PPO 材料。因为这个成果，他成为了很多化工公司争夺的目标，很多猎头公司开始找上门。因为通用电气公司内部一些问题让他心生不满，主要在薪酬方面不满意，所以他决定给自己一个新的机会，去另一家公司做化学工程师，那里的薪酬会比现在高出一倍。

通用电气公司的副总裁加托夫正巧在韦尔奇所工作的城市考察，知道了这个消息后，他第一时间找到了还在塑胶事业部的韦尔奇。当时韦尔奇在业界已小有名气，加托夫深知这样的员工对于自己的企业意味着什么，决定无论如何都不能让这样的人才流失。于是，他极力挽留韦尔奇，给出了多于现在薪酬三倍的优越条件并对其委以重任。加托夫终于留下了韦尔奇，使他在此后的 40 年时间里都尽心尽力地为公司服务。

加托夫成功了，留下了韦尔奇，并真的遵守诺言委以重任，最终造就了韦尔奇，也使通用电气公司进入了世界 500 强企业的行列。

在企业当中，只有少部分员工从事企业核心技术工作，虽然人员比重小，却承载着企业生存和发展的重任。经营项目的决策、市场的开拓等都不能离开他们。虽然他们在企业中所占人数的比重可能只有二成，但是他们所创造的收益却能占公司全部效益的八成左右，承载着企业生存和发展的重任。比如，经营项目的决策、市场的开拓等都离不开他们。可见，他们的流失，对于企业来说无疑是一个严重的打击，对企业生存和发展产生极大危害。

一个企业能够可持续地健康发展，离不开对关键人才的管理。对于领导者来说，加强对关键人才的管理是非常必要的。留住关键人才，需要注意以下几点：

第一，细节决定一切。虽说企业领导者有着决策的绝对权力，但是在决策前或决策时要注意倾听基层的意见和建议，尤其是员工的抱怨。通常情况下，员工的抱怨都反映其对企业不满或是企业存在一些问题，领导者一定要足够重视，积极回应员工的抱怨。对员工提出的合理的建议、意见要积极采纳，提出的问题要认真予以解决，这样才能获得员工的好感和信任。另外，在与员工进行交流沟通的时候，注意不要过于严肃，最好以非正式的方式让员工参与其中，培养员工的主人翁意识，让他们有被信任的感觉。平时在公司对待员工要表现出礼貌而有亲和力的一面，比如见面打招呼等；在员工做错事情时也尽量不要当着其他人的面进行批评。

第二，足够的上升空间。对于优秀员工来说，除薪酬外，自我实现也是非常重要的，要给员工足够的上升空间，对员工的优秀表现要及时给予奖励。其方式多种多样，如加薪、给予晋升机会等等。除这些物质上的奖励外，赞赏和认可也是不可缺少的一种激励措施。

除对优秀员工的嘉奖外，平时还要注意重视对优秀员工的晋升。外聘人员的“空降”会打击内部员工的士气，内部员工的晋升能够让他们产生强烈的归属感。所以，完善内部晋升机制可以减少人才流失。

第三，处理问题的态度要公正。古话说得好：“吏不畏我严，而畏我廉；民不服我能，而服我公。”企业内部的矛盾，大多是人与人之间的矛盾，作为管理者在协调和处理内部矛盾时，一定要坚持开诚布公和公道公正，以一颗公心来做人做事，做到一切从实际出发，不偏袒、不护短、不道听途说。尽量克服矛盾处理过程中存在的任人唯亲和先入为主的传统方式，不能靠着私人关系的好坏而袒护一方、打击另一方。如果管理者能真正做到“以事实为准绳，以功劳为依据”作为分析和化解矛盾的标准，相信即使是心有芥蒂的员工也能做到理解和服从上级。

002

[如何挽留想要跳槽的下属]

在IBM的发展历史中，第二任总裁托马斯可圈可点，因为他求贤若渴，对人才非常重视。在他任职期间，人员流动量很小，因为他总是能够将想要离职的关键人才挽留下来。

在他刚刚升迁的时候就有这样一件事情，曾经的IBM未来需求部的博肯斯托克找到了他，表明了想要辞职的想法。博肯斯托克是个难得的人才，他之所以要辞职的是因为他的好友柯克去世了。柯克曾经是IBM公司的二把手，而他和托马斯是水火不相容的死对头。现如今柯克已经去世，他认为托马斯一定会针对自己“开刀”，与其被托马斯整治后离开，不如自己主动辞职，于是他就向托马斯表明了辞职的想法。

托马斯非常清楚博肯斯托克是一个人才，因此他想要留下他。思考片刻，他笑着对博肯斯托克说：“如果你真的是一名人才的话，那么你能够发光发热的地方就不仅限于柯克手下，在我这里，你也一样可以非常出色。当然，你可以选择离开；但如果我是你的话，我会选择留下来，毕竟这里有很多本该属于你的机遇。”

通过思考，博肯斯托克终于决定留下来，而事实也充分证明了托马斯的做法是正确的。因为博肯斯托克在那之后的几十年里，对IBM计算机的生产起到了决定性的作用。

如果有一天，自己的得力下属进入办公室没有像往常一样报告工作，而是表明了离职的想法，领导者要如何应对呢?

这个时候，作为一名明智的企业家，你的第一反应就是要考虑如何留下自己的左膀右臂。激动和愤怒是最没有意义的，员工的离职是正常的现象，不存在着背叛。此时领导者最需要做的就是冷静，冷静地思考为什么自己的得力助手会选择辞职。

第一，从薪酬入手考虑。对于自己员工的离职，通常情况下，领导者都会本能地想到薪酬问题，考虑对方是否因为对薪酬等物质条件不满而选择离职。但是无论从哪个方面考虑，都要保持理智和冷静。

如果真的是因为薪酬问题，那么就可以松一口气了，毕竟“能够用钱解决的问题都不算问题”。如果仅仅是因为对薪酬不满，那么领导者可以考虑加薪。但是因为辞职而加薪有可能造成一些负面影响，比如会破坏公司的管理制度、会对其他员工带来不良影响，那就要谨慎使用了。

第二，从员工的升迁考虑。有的时候员工不是因为薪酬离职，但是如果他们感觉这个公司不能给予他们足够希望的时候，那么他们一定会选择离职。尤其对于优秀员工来说，正是猎头公司的目标，他们备受青睐，非常抢手，有着很好的前途。此时如果所在的企业不能给予他们想要的希望的话，那么他们无疑将会选择离职。领导者在这个时候要尽可能地为员工指明他们的升迁前景、公司的发展潜力等等。但是有一点领导者一定要注意，不能因为着急留人而许下空头支票，而是要许下能够实现的承诺。

第三，给员工一个缓冲的阶段。虽说员工要辞职是经过深思熟虑的，但是领导者也并非没有机会留住员工，所以在员工提出辞职的时候，不要立即做是否同意的决定，要给员工和自己一个缓冲的阶段。缓冲阶段的设定也要合理，不要太短，也不宜过长，因为时间太短给人以仓促感，一些事情难免考虑不周，会留有遗憾；时间太久很容易影响到其他员工的工作热情。缓冲阶段的设置，主要是为了让员工在和领导谈过之后有一个重新考虑的时间，另外也给领导者留下了重新寻找合适职员的时间。

第四，和员工详谈必不可少。员工提出离职一定有自己的缘由，而领导者一定要尽可能去了解这个缘由，明白真实的原因。比如公司现在是不是有什么弊端等等。也可以通过详谈解除不必要的误会，尽可能做最后的努力挽留住自己的得力员工。即使员工坚持离职，也最好在员工离职前让员工给自己一些意见，比如对公司的看法、对接替自己岗位的职员的看法等，这样就能够客观地了解企业的一些潜在的问题，能够做到心里有数，及早解决，防止人才持续流失。另外，在员工坚持离职的时候，要提前和员工协商好一些问题，尤其是涉及商业秘密的问题，防止秘密泄露。

第五，给执意辞职的员工留有回头路。对想要跳槽的下属予以挽留是必要的，但并不是要全力阻止。因为有的时候员工执意要走，可能是企业在某些方面无法给予希望或是满足诉求，此时领导者要理智、冷静。虽说自己一手培养的人才要到其他企业为他人效力是一件令人沮丧的事情，但是世事无常，如果其他企业以更为优越的条件或是更好的发展环境挖走了自己的优秀员工，那么领导者也要承认自己的不足。对于这样的事情，领导者时刻都要有相应的心理准备，这样才不至于在事情发生之时措手不及。

另外，领导者更不能有责备员工“忘恩负义”的情绪，因为员工和自己的从属关系和责任仅仅是工作上的，是一种交易行为，不能够强制。员工和领导者都有选择的自由，员工有选择更好的条件和环境的权利。所以领导者能够做的除挽留之外，不能有任何其他的不满。如果无论如何都无法挽留自己的员工，那么领导者就只能放手了。但是要告诉员工，自己的企业大门随时为他敞开，为员工留下一条回头路，即使员工离职了也要保持联系，这样员工才会有回头的可能性。

没有一名员工能够忘记一名明智的领导，如果领导者对于员工的想法表示理解，那么员工回头的可能性就很大。

对于想要跳槽的员工来说，脾气火爆的领导只能加速他离开。领导者要从症结入手，了解员工想要跳槽的原因，尽量挽留；当问题无法挽回的时候，就要祝福员工，允许员工离开，同时为员工留一扇回来的门。如果能做到这些，即使员工不会回头也会为企业在其他的方面有所考虑。

003

[为员工制定完善的职业发展规划]

战国时期，豫让曾效忠于范氏和中行氏，他虽是有志之士，却未曾得以重用。后来智伯击败范氏和中行氏之后，豫让转入智伯门下为其效力，因受智伯赏识得到重用而和智伯交好。在智伯门下，他实现了自我价值。后来智伯被赵襄子所害，虽然赵襄子有意收留他，但他并未投入赵襄子门下，而是隐姓埋名，不惜吞炭毁掉嗓子，也要伺机报复赵襄子。但豫让最终未能如愿，在刺穿赵襄子衣服之后自尽。

同为领导者，豫让却肯为智伯尽心尽力，是因为智伯给了他一个很好的发展平台。反观范氏和中行氏，没有给豫让一个可以尽情发挥的平台，豫让自然无法为他们效力。

豫让在不同的利益集团中的不同表现同样适用于企业中。如果可以为员工提供一个良好的发展平台，能够让员工有较好的职业规划、上升空间，那么相应地员工也会为企业尽全力，因为涉及员工的未来发展，员工对企业也会有主人翁意识。当员工在公司有了明确的职业规划后，那么公司的人员流动自然就会减少。

惠普公司之所以能够走到今天这样的地位，自然离不开人才。那么惠普公司是如何将这些高素质的人才吸引过来并留在公司的呢？除为人才提供优厚的物质待遇以外，更重要的是惠普公司为员工提供了良好的发展机会和成长的平台，这样不仅能够留住员工，同时还能激励员工。惠普公司会为员工制定非常有针对性的职业发展规划，这是能够留住员工的很重要的因素。

具体来说，惠普公司有一门为员工专门设置的课程，主要是职业发展和自我管理。首先通过一些测试手段让员工根据自己的特点做出自我评估，然后根据员工评估结论以及员工的工作环境来为员工制定出职业发展规划。

不难看出，为员工制定职业发展规划有着多么重要的作用，也是通过这种手段，惠普公司将人员流动的可能性降到了最低，由此能够保证企业稳定发展。进一步分析就会发现，这样的措施会形成一个双赢的局面。因为在为员工制定职业发展规划的同时，一定是结合企业发展来进行的，不会脱离企业的发展目标，这样在激励员工进步的同时，也同样带动了企业的进步和发展。员工实现了自己的职业规划，自然离职的可能性也就越小。

为员工制定个人职业发展规划时，领导者要充当多方面的角色，比如要对员工进行评价、接受员工的咨询、给员工建议等等。员工的职业发展规划不能脱离企业实际，领导者要做中间的纽带和桥梁。

人的一生中通常都会有或长远或短期的目标、规划，虽然有计划的制订，但是很少能够想到管理自己人生的发展。那些历史留名的伟人，从他们一次次成功的事例中不难发现，他们身上都有一个共同点，那就是他们从小就为自己的未来制定了远大的目标，并且为了这个目标奋斗终生。现在看来，这就相当于是职业生涯的规划，伟人就是把自己的目标当成了自己的职业。那些数不胜数的成功事例表明，有着明确目标并为之努力奋斗的人是比较容易取得成功的。凭借这一点，企业领导者通过为员工制定职业发展规划激励员工，让员工有更高的工作热情，从而实现员工和企业的共同进步和发展。

另外，还能够因此而拉近领导者和员工之间的距离，有利于员工重新认识领导者和自己之间的关系。

很多领导者没有将制定员工的职业发展规划作为领导工作的一个部分，这样是非常不好的。领导者一定要认识到其重要性，虽说领导者不能像专家那样为员工制定专业的职业发展规划，但是领导者在其中也起着重要作用，因为领导者既需要帮助员工进行自我评价，还需要站在企业发展的高度对其予以指导。

第一，为员工建立信息通道。在当今信息的快速发展的社会，想要发展就离不开最新信息的收集和获取。因此，领导者要保障员工对最新职业信息的了解，比如职业的选择以及发展机会等等。想要员工的职业发展之路走得顺畅，就要让员工了解到企业内的职位变动、职位空缺等各方面信息，适时地为员工更新业界的最新信息。除此之外，升迁机会、绩效评估、培训机会等也非常重要。只有为员工建立良好的信息通道，才有利于员工职业发展规划的制定和实施。

第二，充分了解员工，制定发展蓝图。想要制定与员工相匹配的职业发展规划自然离不开对员工的充分了解。哈佛的MBA 课程也把掌握员工信息列入了课程之中。领导者不妨借鉴这些方式，可以了解员工的志趣以及价值观，平时多和员工互动，了解员工的生活方式等。另外，员工的自我评估也是非常重要的一个方面。通过员工的自我评估，领导者能够对员工有更深一层的了解，了解了员工的需求，进而根据公司发展目标帮助员工明确职业发展方向。

在了解情况以后，可以为员工制定发展蓝图了。比如工作的侧重点以及薪酬等多个方面，或者是某个发展方向在企业内的未来走向，等等。通过酝酿规划，能够让员工对自己未来的走向以及企业的前景有一定的了解，这样员工就能在自己的工作岗位上稳健地按照职业规划发展。

第三，阶段性考核以增强员工的职业管理意识。实施阶段性考核，绩效考核是一种非常好的方式，因为绩效考核关系到员工的薪酬，这样的方式也最容易让员工认识到职业生涯自我管理，让员工的职业发展规划更加规范、完整。并且绩效考核也能让员工认识到自己工作当中的优缺点等，能够引导员工及时调整自己的工作。

004

[为员工提供足够发展的平台]

有一名软件工程师，他在一个非常著名的企业任职。虽然该企业非常优秀，但是他感到工作无比厌倦，最终决定跳槽到其他的公司。

于是，软件工程师向主管提交了辞呈。对于该企业来说，这名软件工程师的离职并不会产生大的影响，但是主管仍然感觉到了这名软件工程师离职所隐含的问题，于是在挽留无果的情况下，他希望这名软件工程师可以具体写出离职的原因。这名软件工程师因为马上就要离职了，所以毫无顾虑地写出了公司的很多问题。他说自己辞职的最大原因就是发展的空间太小了，虽然企业的开发能力非常强，但是企业对于科研人员的约束太严了，因为这些束缚，使得科研人员难以发挥自己的才能，这种状态不改变的话，很难从技术创新方面取得优异业绩。

后来，主管把这封信以问卷调查的形式分发到了公司所有软件工程师的手中，很快就收到了很多回复，结果正如主管所想，离职软件工程师提出的问题正是公司的症结所在。

有时人才能否留在一个企业并不取决于薪酬等物质条件，而是企业能否给他们最大的发展空间，是否能够让他们的能力得到提升。领导者要想留住人才就要尽可能降低对人才的束缚，给予人才尽可能大的发展空间，给予员工足够的自由，充分发挥他们的主观能动性。这样人才才能够冲破条条框框，充分发挥自己的才能。

福特公司工程师哈罗德·斯伯利特曾经大力主张生产一种微型货车，他敏锐地觉察到这种微型货车将会是汽车制造业未来的发展趋势。但是，作为福特公司的领导人，亨利·福特二世还在为之前埃德塞尔开发微型货车的失败耿耿于怀，他认定自己的能力比不上自己的前辈埃德塞尔，前辈都做不到的事情，自己自然也做不到。

正当斯伯利特踌躇满志地提出自己制造微型货车的意见时，福特毫不犹豫地拒绝了。斯伯利特因此对福特公司失望透顶，他认为这家公司已经不能满足自己的发展需求了，于是就有了另谋高就的想法。

当斯伯利特打算离开福特公司的消息传出后，沃尔沃、通用汽车等对手的竞争公司纷纷向斯伯利特抛出了橄榄枝。最后，福特公司的强劲对手——通用汽车得到了斯伯利特这个人才。在通用汽车公司，斯伯利特研制微型货车的想法得到了该公司总裁艾科卡的全力支持。在研发新型车上，斯伯利特用了足足五年时间。其间，他也经历了无数次的挫折和失败，但是艾科卡始终对他充满了信心，对他的一切需求都予以满足。

五年后，斯伯利特的新型微型货车终于上市，并大受欢迎，成为通用汽车的支柱产业。斯伯利特终于在通用汽车公司实现了自己的心愿，他自己也从此登上了事业的高峰。

从上述的例子我们可以看出，斯伯利特之所以离开福特公司，是因为该公司无法满足他的岗位需求。一个不适合自己发展的岗位，谁还愿意留下呢？但是通用汽车公司总裁艾科卡眼光独到，为斯伯利特量体裁衣，用合适的岗位和全力的支持招揽了他。事实证明，斯伯利特没有让他失望，他为通用汽车公司创造出了他人无法超越的业绩。

领导者对于员工所要求的岗位要有所了解，这样才能为员工的发展提供良好的平台。当员工得到了自我实现的同时，企业也一定会得到更大的发展。

因此，要想留住人才，除了薪酬等物质条件之外，领导者还要根据员工的能力为员工提供一个能够让其自由发挥、充分发展的空间。要想为员工提供一个发展平台，领导者首先就要充分相信员工，这会让员工有被认可的感觉，其工作热情会更为高涨。除了信任之外，领导者还要通过以下几方面为员工提供发展平台，避免人才的流失。

第一，鼓励员工表达自己的想法。通常情况下，领导者总是比被领导者有发言权，因此在开会或是讨论的时候，领导者总是滔滔不绝，而员工只是听众。从这方面来看，如果想为员工提供足够的发展空间，就要了解员工的想法。

领导者一方面不妨鼓励员工多表达自己的想法，在了解员工的基础上才能知道员工需要怎样的空间，也才能尽早察觉员工离职的倾向，采取预防措施。另一方面，领导者给员工发言的机会能够让员工有被认可的感觉，能避免员工因不被重视而离职。

第二，遇到问题不要大包大揽。要信任员工，就要真正信任。如果员工遇到了苦恼的问题，那么领导者如何处理就显得尤为重要。

通常情况下，即使领导者用亲和的态度指出方法，在员工看来也会带有很明显的命令语气。虽然员工会按照领导的要求去执行，但未必是真的会信服，甚至会产生领导不相信自己的想法。领导者不妨试着引导员工自己解决问题，可以站在员工的立场给出建议，这样员工就会有种被信任的感觉；此外，这样做还能加强员工同领导者之间的交流，增进彼此的感情，在遇到问题的时候员工就会主动与领导者讨论，员工突然提出离职的概率。

第三，不妨将权力和责任分给员工。一个优秀的企业家通常不会亲力亲为地去处理所有的事情，因为他 / 她一定会有非常得力的助手。领导者只要说出工作的目标，那么员工就能自行寻找途径、方式等等予以达成。

领导者无须什么都要掌握在手中，试着让自己轻松一些，给予员工足够的权力，让他们能够自己处理一些问题，在锻炼了员工能力的同时，也让他们产生了被信任感，这样员工自由发挥的空间也就比较大，就能够找到自己发展的方向，也不会因为工作无趣而选择离职。

物质满足只是一个方面，通常员工更会享受心灵上的满足。领导者要注意员工的动向，为员工提供良好的发展平台，才能让员工安稳地在企业中努力，与企业一起发展下去。

005

[想要留住员工的人，先要留住员工的心]

众所周知，餐饮行业人员流动性大是一种普遍现象，这也确实严重困扰并阻碍了饭店、餐厅的发展，领导们常常苦无对策。某快餐店经理赵文远，经营快餐店多年，店内员工队伍一直都非常稳定，除因个人特殊原因离职外，员工们很少出现跳槽的现象。赵文远是如何做到的呢？

餐饮行业工作时间相对来说都较长，与朝九晚五的上班作息有很大的区别，工作也比较辛苦。作为领导者，赵文远认识到注重人性化管理和增进员工之间的情感交流非常重要。为此，他在以下几个方面动了脑筋：

首先是工资制度。赵文远大胆执行“只要工作满 7 天，就支付半个月工资，只要工作满 15 天，即支付整月工资”的工资制度。自这个制度实行以来，还没有一个员工用到它。出来打工，都是为了努力赚钱，这个制度让员工觉得领导非常宽容，因此并没有出现员工恶意缺勤的现象。

其次是休假制度。逢年过节是快餐店最忙的时候，一般不能请假，有时甚至要24小时营业，连吃饭、睡觉都没有准点，因此员工的休假时间很难保证。但是赵文远却规定每名员工每个月有4～6天的正常休假，而且在快餐店生意相对较淡的时候，还可以享受15天的年假。此外，凡是春节期间值班的员工，可在春节后加休15天假，以此来奖励员工。这一举措大大调动了员工春节值班的积极性。

与此同时，赵文远还非常注重增进员工之间的感情交流。他为员工统一安排宿舍，并采用员工轮流做饭、大家一起进餐的方式，让所有员工两人一组，自行采买并制作全体员工的饭菜。他认为，让员工轮流做饭既能保证食品安全，又能给大家充分的交流机会。员工来自天南海北，各自的生活方式和口味都不尽相同，大家生活在一起，就要关注别人、照顾别人，在做饭时也会更多地考虑别人的口味，时间长了，员工的感情自然会比较融洽，这样也就不会轻易跳槽了。

赵文远之所以能将快餐店经营得井井有条，就是用诚心将自己同员工的心紧紧地连在一起，把员工当做家人、朋友，在工作和生活上给予员工最好的帮助。由此可见，留下人仅仅是第一步，唯有留下了心，才能让人才心甘情愿地为自己效力。

现实生活中，工作节奏加快，人人压力都很大，员工为了工作而工作一定会有难以承受的一天，而且被动地工作不能为企业带来最大的生产效益。领导者让员工心系企业不能靠强求，而是要以心交心，将员工的事当成自己的事，这样大家才能团结一心为了一个共同目标而奋斗。如果员工心系企业，那么离职的想法自然也难以产生。所以，留住员工的重点要放在留住员工心上。

马云是阿里巴巴董事会的主席，他曾经说过，对于员工来说，工作不仅仅是为了换取满意的酬劳，也不单单是为了寻求一个相对较好的工作环境，而是能否在一个企业之中工作得快乐。

阿里巴巴之所以能够发展到今天，除了团队努力外，与其独特的企业文化密不可分。其价值主张体现了它的独特之处，阿里巴巴号称是“追求梦想的开心的社区”。因为梦想，所以他们为之奋斗，为之而努力，全公司上下都受到这个价值观的影响，从而有了凝聚力。

为了梦想社区的建设，马云提出了几个要点。他认为，阿里巴巴的决策要透明化，并且每一个决策都要保证遵循道德和法律，员工可以跨越区域、跨越部门流动。正是因为如此，这个梦想的社区成为了开心而快乐的地方。马云对员工的重视源于他的看法。他认为，只有员工先开心了，那么一切才有可能实现。在那里，他允许员工获得最大限度的自由，他也强调工作要快乐。因为这样的企业文化，他们的团体越来越壮大，马云带给员工的不仅是生存的基础，还有梦想。正因为他了解员工所想，为员工提供他们需要的环境，因此才能让企业逐渐壮大起来。

一位领导者是否成功，首先要看他是否深得人心。“得人心者得天下”，这不仅是治国方略，对于管理企业来说也同样适用。员工虽然是流动的，但他们也是一个企业最大的资产。如果不能留住员工的心，那么企业就无从发展。

企业的根本就是人，因此以人为本应该成为企业领导者管理的信条。要了解员工的需求才能为员工制定相应的制度。员工选择一个企业的原因可能是多方面的，可能是为了谋生，可能是为了发展、自我实现，等等。如果员工在某个企业找到了目标，那么就会留下来，如果企业条件不能满足他/她的希望，那么他/她自然会选择离职。因此，领导者只有了解员工的真实想法，才能留住员工的心，进而减少人才的流失。那么具体应该从哪些方面入手呢?

第一，注重福利制度的制定。福利制度是一个企业的基本制度，也是吸引员工最重要的部分。虽说事业是一种自我实现，是一种发展，但是生活保障既是前提也是根本，因此在员工福利制度的制定上，领导者要用心。对于员工来说，福利制度也是认识一个企业最首要的部分。

除了薪资以外，还有很多其他的方面，比如社会保险、奖金等等。著名的惠普公司在员工的福利制度方面做得就非常好，除了基本的各种生活福利之外，每两天还有免费的午间茶点以及各种补贴。他们最有特色的地方就是现金分红制度和股票购买制度。惠普的员工只要入职半年以上就能够享受现金分红，而任职达十年之上的员工则能够享受公司赠送的股票。

除了惠普公司之外，新加坡的南益集团也有着不错的福利待遇，公司每月会扣除员工半成的工资，然后公司再出一成，一起存入指定账户用作员工的养老资金；另外南益集团还能够以无息贷款的方式帮助员工购买房产，分年扣除员工分红的50%，这样虽然是终身雇佣制，但是员工的住房和养老问题都得到了解决，因此南益集团的员工流动量非常小。

第二，让员工和企业紧密联系。没有人能够比关心自己更用心了，要想让员工留在企业效力，那么就要让员工与企业紧密联系起来。通过采取一些制度措施，将员工和企业联系在一起，员工有了共生的意识，就会为企业的发展更加努力。在这方面，杜邦集团作出了表率。在杜邦集团，几乎普通的员工都持有公司的股票，领导者鼓励所有员工购买公司的股票；此外，公司会每年加上额外的股息分配给员工。因为持有公司的股票，公司的发展就和自己的利益直接联系起来，为了自己的利益，员工会更加努力工作，这样也能够让员工产生主人翁意识，与企业同甘苦、共命运。

第三，要让员工感受到信任。要想留住员工的心，就要认可员工、信任员工。“士为知己者死，女为悦己者容。”如果领导者能够让员工有被信任、被认可的感觉，那么他们就会为企业努力奋斗。员工有时需要的是一种自我实现，所以当员工在某个位置达到一定高度的时候，领导者就可以考虑赋予员工更高的职位。内部升迁对于员工来说非常重要，在这方面，三菱公司做得很好，每年他们都会进行一次评定和提拔，以此让很多员工继续留在企业，努力奋斗，最大限度地为公司贡献才智。

006

[对执意要走的员工，不要强留]

有一则故事，在山的两边各有一群猴子，一边山清水秀，另一边则有些荒凉。生活在荒凉一边的猴群中，有一只猴子总是跑到山顶上去眺望另一边，它向往着那边的优越环境。终于有一天，它抑制不住自己的想法，找到了猴群的首领，说明自己要离开。猴群的首领不允许背叛，于是不同意它的请求。这只猴子没能如愿，只能每天坐在山头望向另一边，无心劳动。其他的猴子开始怨声载道，一只老猴子给了首领建议，最终让这只猴子去了山那边的猴群。没多久，这只猴子再次回到了猴群，首领听从老猴子的建议，收留了它。从此，它再也没有去山顶眺望过另一边。

猴群就相当于一个企业，其中的一只猴子有了离开的想法并且很坚决，如果猴群的首领坚持不放手，那么就有可能影响到整个猴群，得不偿失。虽说人才的流失不是件好事，但是对于去意已决的员工，强留也同样不是一件好事。对于领导者和企业而言，虽说关键人才很重要，但是企业整体才是最重要的，如果仅仅因为一名员工而影响了大部分人或是一部分人，那么强留不如放手，这才是最好的做法。

高经理经营了一家不大的公司，虽然公司不大但是效益一直不错。刚来一年的小张是他非常器重的一个大学毕业生，高经理本打算好好培养他，但是没想到计划还没开始，小张就要辞职了。高经理非常生气，明明刚刚给他升职涨了工资，不知道哪里让小张不满意了。但是想到了公司的发展，高经理还是压下了自己的怒火，甚至不惜上门去游说，极力挽留。但是无论怎样，也没能改变小张辞职的决心。

员工对于企业来说是存在的基础，尤其是部分员工发挥着重要的作用。优秀员工往往会受到其他同类公司的邀请，有的员工可能因为各种原因想要跳槽，对于企业的领导者来说，这无异于是一个打击。也因为如此，企业不想放手，不批准员工的辞职；而一心想离职的员工势必会和领导讲理，甚至是争吵，最后以不愉快收场。显然无论是想离职的员工还是领导都不希望看到这样的结果。

当事情发展到上述结果的时候，很明显是领导者处理不当所造成的。其实，领导者首先应该从自己的认识入手，一方面，要了解人才的流动意味着什么，不能只因为人员流动就认为公司出了问题。人员流动对于企业来说是非常正常的现象，因为每个企业都面临着人才流动这样的问题。从另一方面来看，人才流动能够加强公司更新血液，招揽更多的人才。然而人才的流动也确实会给公司带来一些问题。通常员工在说出辞职的时候，都会经过深思熟虑。要想留住人才就要注重平时想办法增强企业内部的凝聚力，而不是制定各种阻止员工辞职的行政措施。

所以，明智的领导者在员工辞职的时候首先要了解原因，尽可能地挽留，如果挽留无效，就要学会放手。